Macron l'Africain

Emmanuel WONYU

Macron l'Africain

Le discours de Ouagadougou face aux complexités africaines

Du même auteur

L'Afro-pessimisme, un alibi français ? Essai bibliographique sur l'Afrique et son développement depuis la fin des années 1950, Yaoundé, 2018.

Edem Kodjo, un Africain entre deux siècles, sous la direction d'Emmanuel Wonyu, Yaoundé, 2019.

©2020 Iroko éditions/publishing (Yaoundé)

ISBN : 9781703067804

Dédicace

À mes professeurs, Marcel Merle et Pascal Chaigneau, qui ont aiguisé ma curiosité intellectuelle sur la relation France-Afrique.

Aux hommes politiques et à la jeune génération d'Afrique qui ont besoin de nourrir leur réflexion sur cette relation si particulière pour la revisiter et la rénover.

À mes enfants, Pierre-Emmanuel, Édouard et Alexandra, citoyens du monde, afin qu'ils n'oublient pas leurs racines africaines.

Remerciements

Un merci particulier au professeur Jean-Emmanuel Pondi qui a pris la peine de lire le manuscrit de cet ouvrage et de l'enrichir de ses remarques et de ses critiques.

À mon épouse, Aïda, complice infatigable de mes recherches scientifiques.

Note de l'auteur

Une nouvelle édition de notre *Macron l'Africain*, paru en 2019, nous a semblé indispensable en raison du succès imprévu du premier tirage, épuisé en quelques semaines et d'une demande au niveau international dépassant nos prévisions. Nous en avons profité pour ajouter le discours de Ouagadougou en annexe, sans modifier le fond de notre analyse dont la plupart des développements restent d'actualité, plus de deux ans après le prononcé du discours, même si le président Emmanuel Macron a dû intervenir fortement sur le théâtre africain ces derniers mois et y décliner, voire repréciser certains aspects de sa vision de l'Afrique exprimée dans ce discours fondateur du 29 novembre 2017.

À titre d'illustration, nous rappellerons quelques événements marquants de la relation France-Afrique depuis 2017, en commençant par la participation active du président Macron au premier « One planet summit », dès le 12 décembre 2017, à Paris, moins d'un mois après Ouagadougou. Il eut l'occasion de préciser les axes de son nouveau partenariat avec l'Afrique et de souligner le rôle unique du continent en tant que partenaire mondial, à la fois victime du dérèglement climatique et porteur de solutions face à ces bouleversements.

Un autre événement important fut la rencontre avec les diasporas africaines, baptisée de manière un peu grandiloquente, « Parlons Afrique », aux côtés du président ghanéen, Nana Akufo-Addo, le 11 juillet 2019 à Paris, occasion de revenir sur les espoirs mis dans la jeunesse et les compétences africaines de l'extérieur pour développer le continent. S'ensuivit la 6ᵉ Conférence de reconstitution du Fonds mondial contre le sida, la tuberculose et le paludisme à Lyon, les 9 et 10 octobre 2019, en présence de quelques chefs d'État africains, dont Paul Biya du Cameroun. Emmanuel Macron remit au goût du jour le costume de la France défenseuse du multilatéralisme et de l'humanitaire.

Un tournant historique fut la visite en Côte d'Ivoire du 21 au 22 décembre 2019, au cours de laquelle il annonça avec fracas la fin du franc CFA, « dernier vestige de la Françafrique », devant être remplacé par une nouvelle monnaie, l'*eco*, toujours attendue. Il proclama aussi que le colonialisme avait été une « une erreur profonde, une faute de la République ». Par ailleurs, le 4 décembre précédent, à l'issue du sommet de l'OTAN, il avait fait une déclaration aux tonalités aigres-douces, déplorant la montée du sentiment anti-français dans l'opinion publique des pays africains membres du G5 Sahel, invitant leurs dirigeants à « clarifier » leur position et « assumer publiquement le fait que les soldats français sont au Sahel » ; il avait aussi annoncé une invitation au sommet de Pau (France) le 16 décembre.

Note de l'auteur

Sans surprise, les chefs d'État africains interpelés si abruptement, ainsi que les opinions publiques africaines, se sentirent froissés par cette invitation en forme de convocation cavalière. Le sommet fut reporté, fort opportunément, à la suite de la violente attaque jihadiste du camp de l'armée nigérienne à Inates le 10 décembre. Et il fallut non seulement une visite à Paris du président burkinabé, Roch-Marc Kaboré, mais aussi un échange téléphonique avec le président nigérien, Mahamadou Issoufou, pour calmer les esprits et convenir d'une nouvelle date, fixée au 16 janvier 2020. Puis, lors d'une escale à Niamey, le 22 décembre 2019, au retour de sa visite en Côte d'Ivoire, officiellement pour rendre hommage à 71 militaires nigériens tombés à Inates, le président Macron reprécisa sa pensée, sur un ton plus apaisé en demandant aux pays africains membres du G5 Sahel de se prononcer clairement et en exprimant le souhait que le sommet de Pau permette de réaffirmer, de part et d'autre, cette coopération particulière en reprécisant les rôles de chaque partenaire. Ce qui fut fait.

Au début de l'année 2020, la France et le Cameroun frôlèrent une crise diplomatique à la suite des propos « sans filtre » du président Macron : interpelé au Salon de l'agriculture en mars 2020 par un activiste qui critiquait la situation sociopolitique au Cameroun, les emprisonnements politiques et les massacres dans la zone anglophone en proie à ce qu'il considérait comme une guerre civile, il lui répondit de manière inattendue, peu diplomatique et impertinente, perçue par l'État camerounais comme une ingérence inacceptable. S'ensuivirent une courte tension diplomatique et des remous de surface, mais les choses rentrèrent rapidement dans l'ordre, aucun des deux pays ne souhaitant compromettre une relation aussi dense que riche.

Tous ces épisodes permettent de rappeler que la relation France-Afrique est sensible et complexe, et que, malgré des hauts et des bas, elle demeure solide, solidaire et partenariale. Survenue en mars 2020, la pandémie du COVID-19 a donné l'occasion au président français de réaffirmer, lors d'une de ses adresses de circonstance au peuple français, la place prépondérante occupée par l'Afrique dans la politique étrangère de la France. Ceci en proposant l'annulation massive de la dette des États africains, en se posant en avocat de l'Afrique sur la scène internationale (G20, etc.) et en octroyant, à titre bilatéral, une aide exceptionnelle à plusieurs pays africains pour lutter contre la pandémie.

Autant de paramètres qui démontrent, s'il en était encore besoin, l'intérêt de la France et du président Macron pour l'Afrique, comme nous le démontrons amplement dans notre ouvrage. N'eût été la survenue de la pandémie qui bouleverse le calendrier international, le président Macron aurait eu deux grandes occasions de prolonger, d'évaluer ou de rectifier son discours de Ouagadougou au cours de l'année 2020 : la Saison Africa 2020, organisée en France en l'honneur de l'Afrique, et le sommet Afrique-France, prévu du 4 au 6 juin 2020 à Bordeaux. En attendant, le discours de Ouagadougou reste, à ce jour, le référentiel unique à partir duquel l'on continue de juger et de jauger la politique africaine du président Macron, à mi-parcours de son mandat présidentiel.

Yaoundé, le 12 mai 2020.

Introduction

Introduction

Le 29 novembre 2017, le président de la République française, Emmanuel Macron, prononça son premier grand discours sur l'Afrique dans la ville de Ouagadougou, au Burkina Faso, avant de se rendre à Accra, au Ghana, où il fit aussi quelques déclarations, plus brèves et sur un ton différent, la relation Paris-Ouagadougou n'étant pas la même que la relation Paris-Accra. Ces propos furent complétés, à la même période, par des interviews ciblées sur deux chaînes de télévision françaises à vocation internationale, France 24 et Trace TV. Une démarche de communication politique qui n'est pas le fait du hasard et qui n'est pas passée inaperçue en Afrique.

C'est ainsi que le Département de politique internationale de l'Institut des relations internationales du Cameroun (IRIC) me sollicita en tant qu'expert de la question pour présenter une communication dans le cadre des questions d'actualité de l'institut, le 15 décembre 2017, devant un parterre d'enseignants, d'étudiants et de représentants de l'ambassade de France, dont son Premier conseiller. Il s'agissait de faire l'analyse critique *à chaud* d'un discours annoncé à grand renfort de communication, dont la préparation indiquait qu'il devait être d'une importance capitale pour le nouveau président français, lequel avait d'ailleurs désigné sa cible de choix : la jeunesse africaine.

Introduction

Je me suis donc attelé à réfléchir sur la portée et les limites de ce discours, présenté comme *fondateur*, à en analyser le contenu, à le contextualiser et le mettre en perspective, d'une part, face aux relations de plus en plus complexes entre la France et les États africains depuis la fin de la Guerre froide, et, d'autre part, face aux pesanteurs de la *Françafrique* toujours présente sous ses diverses mues, malgré l'existence d'une politique officielle de coopération entre la France et l'Afrique noire, notamment francophone.

S'il est incontestable que le président Macron a proclamé *urbi et orbi* dans son discours de Ouagadougou qu'il « n'y a plus de politique africaine de la France », il me semble important d'interroger cette déclaration et tout ce qu'elle suggère d'articulation subliminale entre la politique — ou politique africaine — et la Françafrique, qui, depuis les indépendances africaines, empêche la France et l'Afrique d'avoir une relation vraiment rénovée et mature. Que veut donc dire le président Macron ? Comment définit-il cette *politique africaine* qui n'existerait plus ? Serait-ce la Françafrique, la face cachée, la part d'ombre qui — ayant eu raison de la politique officielle — serait donc rejetée en bloc ?

Macron l'Africain, titre ironique renvoyant au vocable attaché à tous les présidents français de la Ve République (en référence à leur attachement au continent africain)[1], propose donc un enrichissement de cette communication faite au sein de l'IRIC et une réflexion sur la relation France-Afrique, s'appuyant sur son

---

1   Notons que le magazine PARIS MATCH utilise aussi cette expression à la une pour rendre compte de la tournée africaine d'Emmanuel Macron ; voir l'article de LABARRE F. de, « Macron l'Africain : Son message à la jeunesse, son pari pour l'avenir », n°3577, 07-13 déc. 2017, p. 66-67.

histoire et sur les évolutions actuelles du monde. L'ouvrage ose le pari selon lequel, au regard du contexte français, africain et international, le président Macron risque fort, dans la suite de son mandat, de tomber sous le charme d'une *Afrique magique* et de ne pas réussir à éviter de porter, lui aussi, son *masque africain*, comme ses deux prédécesseurs, contraints de le faire à leur corps défendant, alors qu'ils avaient proclamé haut et fort leur volonté de rupture d'avec ce continent.

En centrant la réflexion sur le discours de Ouagadougou, l'ouvrage présente le regard d'un Africain qui s'interroge triplement sur un discours présenté comme particulier : est-il novateur ? Est-il fondateur ? Est-il décomplexé ? Ces questionnements permettant de réexaminer du point de vue africain — celui des destinataires du discours — une relation France-Afrique de plus en plus troublée par des malentendus et une certaine distance.

Pourquoi réfléchir à partir d'un discours ? Peut-être faut-il, à ce stade, expliquer pourquoi j'ai choisi d'analyser le discours sur l'Afrique d'un président français en 2017, alors que l'Afrique a désormais d'autres partenaires au développement, plus attractifs en apparence, moins regardants et pratiquant très peu l'ingérence. C'est parce que la France — comme le Royaume-Uni — a une véritable histoire africaine.

Introduction

Elle demeure un partenaire privilégié et stratégique qui a encore beaucoup d'influence et de pouvoir sur certains États, notamment francophones d'Afrique[2]. C'est aussi parce que l'Afrique est un continent dont la culture populaire est bâtie autour de l'oralité, des discours publics, malgré l'omniprésence de l'écrit, tout en tenant compte de la pénétration croissante des médias sur internet qui influencent beaucoup la jeunesse africaine des villes[3]. Enfin, parce que la littérature regorge de théories et d'analyses sur l'importance du discours politique touchant à la sémiologie, à la science politique, à la psychologie, à la linguistique, etc. Je me contenterai de citer ici quelques textes qui en montrent l'importance.

---

2 La coopération militaire et sécuritaire est très importante dans le contexte actuel où l'Afrique noire vit dans l'insécurité du fait de conflits internes et de la menace terroriste. Le cas de l'importance que la France donne aux G5 Sahel est là pour en attester. Parallèlement, la coopération culturelle, économique et financière continue d'occuper une place importante car l'État français a encore beaucoup d'intérêts en Afrique et accompagne étroitement les opérateurs privés français sur le continent.

3 Que de grands discours sont restés dans la mémoire des Africains, comme des chansons à la mode plutôt que des appels à l'action ! Qui ne se souvient du « Non » de Sékou Touré à de Gaulle, le 28 septembre 1958, à Conakry, discours qui restera comme le déclencheur de la tournure *foccartienne* de la politique africaine de la France, ainsi que l'exprime bien Jean Lacouture, biographe de De Gaulle, dans son documentaire sur Jacques Foccart ! Ou du discours de Nicolas Sarkozy à Dakar (26 juillet 2007), terre de Léopold Sédar Senghor et de Cheikh Anta Diop, au sein de l'université qui porte son nom, où son message fut perçu comme une méconnaissance de l'Afrique, voire une provocation ? Et, enfin, que dire du discours de François Mitterrand à La Baule en 1990 ou celui de Barack Obama à Accra en 2009, tous deux portant sur l'exigence de bonne gouvernance en Afrique ?

Introduction

D'abord Olivier Reboul pour qui : « le discours politique est un véhicule des idéologies[4] » ; Alexandre Dorna précise cette pensée en faisant du discours « un outil de prescription et de valorisation […] qui vise le changement ou le maintien du statu quo ». Bien avant eux, le grand auteur, Victor Hugo, considérait les discours, en particulier politiques ou religieux, comme « des revolvers chargés », car c'est à travers eux que l'on peut dénoncer, plaider, mais aussi résoudre certains fléaux sociaux.

Enfin si l'on reprend les sociologues, Peter Berger et Thomas Luckmann, qui considèrent qu'à travers un discours on peut traiter les sujets comme on a intérêt à les traiter ou, mieux encore, comme on a préalablement décidé de les traiter, on peut constater avec certains experts des discours que nos paroles sont souvent la traduction de certains de nos desseins, de certaines intentions, et que la finalité d'un discours politique est souvent d'influencer l'avenir d'un auditoire[5].

Sur le plan théorique, l'analyse du discours d'Emmanuel Macron à Ouagadougou peut être considérée comme un prétexte pour revisiter et réajuster la relation entre la France et l'Afrique, examiner le *new deal* proposé, en empruntant à la théorie culturaliste des relations internationales (Merle, Huntington,

---

4   Reboul O., *Langage et idéologie*, Paris, PUF, 1980 ; voir aussi Dorna A., *Les Effets langagiers du discours politique*, http://documents.irevues.inist.fr/bistream/handle/2042/15186/hermes_1995_16_131.pdf?sequence=1.

5   Berger P. & Luckmann T., *La Construction sociale de la réalité*, 1966, trad. française 1986, Paris, Armand Colin, 1997, 240 p. Voir aussi, sur l'importance de l'enjeu du discours politique, Villard C., *Le Discours diplomatique*, Paris, L'Harmattan, 2014, 286 p. et LeBart C., *Le Discours politique*, Paris, PUF, Que sais-je ?, 1998, 127 p.

Introduction

Badie[6]) qui insiste sur les termes de compréhension des acteurs et du jeu des acteurs, sur les éléments intraculturels comme la question de l'émergence d'une pensée endogène. La théorie constructiviste des relations internationales, prises comme un construit d'idées et de représentations, permet aussi d'apporter un éclairage intéressant à ce discours ; de même que la théorie de la représentation qui mène vers une réflexion paradigmatique sur le rôle des identités[7].

L'un des aspects importants du présent ouvrage, *Macron l'Africain*, est donc de répondre à des questions, telles que : comment un discours, aussi *fondateur* et *volontariste* qu'il soit, peut-il changer la politique africaine de la France et, d'un coup de baguette magique, la transformer en diplomatie de la France en Afrique ? La notion de « diplomatie à voies multiples » développée par Philippe Marchesin, permet d'interroger et de rendre compte de cette transformation voulue par le président Macron[8].

---

6   Voir MERLE M., *Sociologie des relations internationales*, Paris, Dalloz-Sirey, (1974) 1988, 4e éd., 560 p. ; HUNTINGTON S., *Le Choc des civilisations*, Paris, Odile Jacob, (1996) 2000, 545 p. ; BADIE B., *Le Temps des humiliés : Pathologie des relations internationales*, Paris, Odile Jacob, 2014, 249 p.

7   Pour approfondir ces questions de théorie et de méthodologie, voir MARCHESIN P., *Introduction aux relations internationales*, Paris, Karthala, 2008, 224 p. ; DEVIN G., dir., *Méthodologie de recherche en relations internationales*, Paris, Presses de la Fondation de sciences politiques, 2016, 270 p. ; voir en particulier BAILLAT A., EMPRIN F. & RAMEL F., « Des mots et des discours : du quantitatif au qualitatif », chapitre 12, in Guillaume Devin, *op.cit.* ; voir aussi BATTISTELLA D., *Théories des relations internationales*, Paris, Presses de la Fondation de sciences politiques 14ᵉ éd., 2013, 751 p.

8   Marchesin, *op.cit.*, p. 184-186.

Introduction

Un autre aspect, non moins important, est que, pour l'universitaire africain que je suis, analyser ce discours de Ouagadougou permet, du point de vue de la théorie de la connaissance, de participer à l'écriture et au positionnement de soi de l'Afrique. En ce qui concerne l'Afrique d'aujourd'hui, après cinquante années de discours forts mais sans effets, ou aux effets parfois négatifs ou mitigés, il apparaît que le discours français sur l'Afrique est de moins en moins audible par les Africains, au moment où ils se sentent convoités et courtisés, et où ils sont attirés par de nouvelles sirènes aux offres plus concrètes ; même si l'assurance de lendemains meilleurs n'est pas de mise.

À défaut de dire « bonnet blanc, blanc bonnet », il s'agit pour une Afrique redevenue désirable de ne plus s'arrêter au niveau du discours, de scruter et d'analyser les actes, de diversifier les partenaires dans un monde ouvert et, surtout, de comprendre enfin que le bonheur de ce riche continent ne viendra pas des *bonnes dispositions* des autres mais de lui-même. Un continent réconcilié avec lui-même et avec sa diaspora, dépassant les clivages artificiels entre francophones, anglophones, arabophones, lusophones, hispanophones, comme le préconisaient déjà Cheikh Anta Diop et Kwamè Nkrumah, faisant confiance à sa jeunesse désormais connectée au monde global, misant sur son unité pour sa renaissance[9] et dans une pluralité qui n'a plus besoin de s'encombrer d'une puissance tutélaire, comme du temps de la Guerre froide.

---

9   Lire les réflexions d'un vieux sage, Edem Kodjo, qui laisse comme héritage le panafricanisme et la renaissance africaine, deux leviers du futur être-au-monde de l'Afrique, dans *Panafricanisme et renaissance africaine*, Lomé : Graines de Pensées, 2013, 156 p. [Edem Kodjo est décédé le 11 avril 2020 à Paris].

Chapitre 1

Un discours novateur ?

Chapitre 1

Un discours novateur ?

Dès la fin de la prestation du jeune président français à Ouagadougou, son fut salué avec enthousiasme comme novateur, notamment par sa forme, mais aussi par des éléments de contenu abordant « sans filtre, ni tabous » les thématiques attendues dans ce type de discours, tout en proposant un ton, un rythme et des engagements inhabituels. Entouré d'une soigneuse communication jouant sur un suspense habilement entretenu, ce discours donne pourtant, notamment aux oreilles des spécialistes des questions internationales, une impression de *déjà entendu*. Aussi, dans ce premier chapitre, nous nous attacherons à faire la balance entre l'ancien, c'est-à-dire la permanence des schémas traditionnels de la relation franco-africaine, d'une part, et, de l'autre, le nouveau, c'est-à-dire les propositions et le formalisme audacieux, pour mesurer combien cet exercice de style peut s'avérer ambigu, au regard des ambitions réformatrices du président Macron.

Un discours apparemment novateur sur la forme
...

Depuis les indépendances africaines dans les années 1960, que de discours et de rapports ont été faits sur l'Afrique avec l'espoir souvent déçu que ces belles paroles et ces chiffres, bien argumentés, marqueraient un tournant historique pour l'Afrique, sa destinée, son émancipation ! Toutes les tonalités y sont passées, comme les discours révolutionnaires, tels celui de Sékou Touré, charismatique syndicaliste et nationaliste guinéen, prononcé le 28 septembre 1958 à Conakry, face à un général de Gaulle au faîte de sa gloire. Celui-ci lui opposa d'ailleurs une réponse courte mais d'une portée considérable sur la destinée de l'Afrique francophone indépendante[10]. Ce qui fit dire à son biographe, Jean Lacouture, dans un documentaire resté célèbre sur la France et les Africains : « Si de Gaulle aimait l'Afrique, il ne l'aurait pas cédée à Jacques Foccart, dont on connaissait bien le profil[11] ».

---

10   Voir KABA L., *Le Non de la Guinée à de Gaulle*, Paris, Chaka, Coll. Afrique contemporaine, vol.1, 1989, 190 p. ; ADOTEVI S., *De Gaulle et les Africains*, Paris, Chaka, 1990, 185 p.

11   Voir ses témoignages et analyses dans SALAMA B. & WAGNER A., *De Gaulle et l'Afrique : Les chemins de la Liberté*, Ina-ECPAD-France Télévisions, 2011, double DVD 2 x 52 mn. Après ce qu'il faut bien appeler un camouflet, de Gaulle continua sa tournée africaine, puis il tourna le dos au continent où il n'effectua plus aucune visite jusqu'à son départ du pouvoir en 1969. Il se reposa entièrement sur Jacques Foccart qui, de son poste de Secrétaire d'État aux Affaires africaines et malgaches, dans son emblématique bureau du 2, rue de l'Élysée, ou dans sa villa de Luzarches, pilota la décolonisation et assura la préservation du *pré carré*. Pour bien appréhender le rôle considérable de Foccart dans la direction prise alors par la relation France-Afrique et dans la formation des jeunes États d'Afrique francophone, voir : GAILLARD P., *Journal de l'Élysée*, Paris, Fayard-Jeune Afrique, en particulier le *Tome 1 : Tous les soirs avec de Gaulle*, 1995, 500 p. ; PÉAN P., *L'homme de l'ombre : Éléments d'enquête autour de Jacques Foccart, l'homme le plus mystérieux et le plus puissant de la Ve république*, Paris, Fayard, 1990, 585 p. Plus récemment, avec des éclairages nouveaux grâce à l'ouverture des archives Foccart dont il est le conservateur, BAT J.-P., *Le Syndrome Foccart : La politique française en Afrique de 1959 à nos jours*, Paris, Gallimard, 2012, 848 p. et *La Fabrique des barbouzes : Histoire des réseaux Foccart en Afrique*, Paris, Nouveau monde éditions, 2015, 506 p. Ses biographes insistent tous sur ses trois

Un discours novateur ?

Après la période de mise en place des indépendances et l'euphorie qui s'ensuivit en Afrique, un discours paternaliste se mit en place et accompagna les premiers pas de l'Afrique sur la scène internationale, reposant sur une idéologie afro-pessimiste qui ne la quittera plus de la fin des années 1970 jusqu'aux années 1990[12]. Il se caractérise par une fixation sur l'incapacité du continent à se gouverner, sur sa marginalisation, voire sur sa nécessaire recolonisation, envisagée par certains analystes, tels Bernard Lugan qui vante les mérites de la colonisation, âge d'or de l'Afrique[13].

Dans ce catalogue des discours qui ont marqué l'Afrique, on peut aussi noter celui du président français, François Mitterrand (1981-1995). Le 20 juin 1990, au sommet franco-africain de La Baule, il prononce un discours qui fera date dans un contexte international propice de fin de Guerre froide, dans lequel il érige la démocratie en condition préalable à tout processus de développement. À l'époque on faisait de la démocratie une condition *sine qua non* du développement et l'Afrique, dont certains pays retrouvaient le multipartisme, a salué ce discours comme un encouragement aux peuples africains qui rêvaient de plus de liberté ou de libération.

---

casquettes : homme de l'import-export ; du renseignement ; des réseaux.

12 Voir l'ouvrage que je consacre à cette thématique, WONYU E., *L'Afro-pessimisme, un alibi français ? Essai bibliographique sur l'Afrique et son développement depuis la fin des années 1950*, Yaoundé : Iroko éditions/publishing, 2018, 237 p.

13 LUGAN B., *Afrique : L'histoire à l'endroit*, Paris, Librairie Académique Perrin, 1989, 285 p. ; *Bilan de la décolonisation*, Paris, Perrin, 1991, 288 p. ; *Osons dire la vérité à l'Afrique*, Paris, Éditions du Rocher, 2015, 224 p.

Pourtant, ce discours fut rectifié au sommet France-Afrique suivant, celui de Biarritz où, face au danger qu'il pouvait contenir et aux potentielles menaces pour les intérêts français en Afrique, on demanda aux États africains de rechercher chacun son rythme, sous prétexte que l'Afrique n'était pas un État mais un continent complexe, avec un niveau de développement politique inégal. Un autre rêve venait de s'envoler puisque, en ces années 1990, malgré la contagion des conférences nationales qui gagnaient presque tous les États francophones, « tout a bougé et presque rien n'a changé », sauf peut-être au Tchad et au Bénin. La majorité des dirigeants n'a pas été bousculée par cette tempête démocratique.

On croyait donc passé le temps du discours fondateur lorsque, au cœur des années 2000, le 26 juillet 2007 précisément, le président Nicolas Sarkozy se rendit à Dakar, patrie de Senghor et de Cheikh Anta Diop, haut lieu de savoir et de débats intellectuels, et se permit de dire à l'Afrique qu'elle n'était « pas assez entrée dans l'histoire », d'où son retard à intégrer le monde global. Si tout le monde attendait un discours *fondateur* de la part d'un Sarkozy se réclamant du gaullisme et se présentant comme un homme de rupture, grande fut la surprise de l'auditoire : au lieu de cela les Sénégalais et Africains, présents physiquement ou via les médias, médusés, eurent droit à un discours suintant l'impensé colonial et criant son déni de l'histoire.

C'est du moins ainsi que les Africains le perçurent, s'arrêtant sur des petites phrases qu'on n'espérait plus pouvoir entendre au 21e siècle, au regard de l'évolution de l'histoire africaine et des études postcoloniales menées sur le continent. Idées pour idées, pour la première fois dans l'histoire des relations franco-africaines, des politiques et intellectuels africains de renom prirent leur plume pour remettre les pendules à l'heure de l'histoire. Ce ton en apparence paternaliste du partenaire français suscita donc une riposte vigoureuse par l'écrit[14].

Certes, entre les mandats des présidents Sarkozy et Macron il y eut celui de François Hollande, socialiste et de gauche[15] ; or, ce dernier ne semble avoir laissé ni discours, ni action forte permettant de le classer dans le panthéon qui constitue l'héritage africain du président Macron. On peut citer quelques actions éparses et, surtout, le cas du Mali qu'il aurait sauvé en engageant les forces françaises pour protéger ce pays du terrorisme et de l'éventuel éclatement ; selon ses propres mots, prononcés lors de sa visite à Bamako en 2013, après la *victoire* des forces françaises, l'intervention au Mali, ou plutôt l'aventure malienne, restera comme : « le jour le plus beau de ma vie politique[16] ». Tout au

---

14   Pour mieux s'imprégner de ce débat et le prolonger : BA KONARÉ A., dir., *Petit Précis de remise à niveau sur l'histoire africaine, à l'usage du président Sarkozy*, Paris, La Découverte, 2008, 347 p. ; GASSAMA C., *L'Afrique répond à Sarkozy : Contre le discours de Dakar*, Paris, Philippe Rey, 2008, 475 p. Pour notre part, notre démarche diffère de celle de Gassama qui porte un discours à thèse, car elle interroge plutôt le discours de Ouagadougou, sa signification, sa portée et son impact. On se prononcera mieux sur « Macron l'Africain » à la fin de son mandat, car il semble encore appliquer ici comme ailleurs dans ces politiques de réforme le célèbre « en même temps ». On attendra avec prudence la clarification au travers des actes qui seront posés.

15   Pour mieux apprécier l'action du président Hollande en Afrique, voir l'analyse d'un célèbre journaliste de RFI, Christophe Boisbouvier, qui, bien que critique, permet de revenir sur ce septennat-là : BOISBOUVIER C., *Hollande l'Africain*, Paris, La Découverte, 2015, 335 p.

16   Peut-être apprécierait-on encore mieux son jugement personnel sur son action politique en Afrique en lisant son livre *Les Leçons du pouvoir*, Paris, Stock, 2018, 406 p. Voir particulièrement les pages 46 à 59 dans lesquelles il évoque les actions marquantes de son quinquennat en Afrique. On peut se

moins, on peut remarquer qu'Emmanuel Macron ne se réclame pas de lui.

Que ce soit les discours paternalistes, moralisateurs, de déni de l'histoire, afro-optimistes, afro-pessimistes, afro-réalistes ou même afro-renaissants[17], quand bien même il voudrait s'en démarquer, le président Macron demeure l'héritier de tout ce passé qui s'apparente à un passif ; c'est du moins ce que pensent beaucoup d'Africains. Certes son goût de l'inédit lui fait choisir le Burkina Faso, pays qui venait de faire, *sans violence,* sa deuxième révolution avec une jeunesse engagée. Or, en arrivant à Ouagadougou et quoi qu'il en dise, il n'est pas sans ignorer le passif de cette relation franco-africaine, même s'il n'en est pas comptable, pense-t-il ; question de génération ! Mais il est surtout très soucieux de la portée de son discours qu'il envisage comme novateur, ne serait-ce que par son ton, son style et son mode de préparation, selon ses propres mots :

> Aussi je me refuse à toujours revenir sur les mêmes représentations d'hier. Il y a eu des combats, il y a eu des fautes et des crimes, il y a eu des grandes choses et des histoires heureuses. Mais j'ai une conviction profonde, notre responsabilité n'est pas de nous y enferrer, notre responsabilité n'est pas de rester dans ce

---

référer aussi au livre de DAVET G. & LHOMME F., *Un Président ne devrait pas dire ça… : Les secrets d'un quinquennat,* Paris, Stock, 2016, 663 p. ; en particulier les pages 479 à 485 où François Hollande évoque son action au Mali et au Cameroun (libération des otages français de la secte Boko Haram).

17 Les Africains parlent de renaissance, les Occidentaux du « temps de l'Afrique » qu'ils l'envisagent comme s'appuyant sur la main tendue de la Chine et d'autres puissances asiatiques, en compétition avec les grands pays occidentaux regroupés au sein du G7.

passé et de vivre l'aventure pleine et entière de cette génération[18].
(*Discours de Ouagadougou*)

Pour François Gaulme, spécialiste français de l'Afrique :

> Son attitude envers l'Afrique entrecroise aujourd'hui un goût de la
> construction qui se traduit dans son discours avec […] une
> prudence assise sur l'acquis de plus d'un demi-siècle de liens
> institutionnels franco-africains. Mais, dans sa volonté d'inversion
> copernicienne de la logique des relations franco-africaines,
> Emmanuel Macron prend le risque d'être un jour la victime de
> l'un de ses trois *a priori* fondamentaux : sous-estimer l'impact
> historique de la colonisation, ignorer les échecs de la « sécurité de
> l'Afrique aux Africains », survaloriser l'approche continentale[19].

Mais déjà entendu sur le fond

Aux yeux des experts de la France-Afrique, l'un des passages les
plus marquants du discours d'Emmanuel Macron a été la
déclaration selon laquelle « il n'y a plus de politique africaine de la
France ». Pour pouvoir corroborer ou réfuter cette déclaration, il
faut au préalable se demander ce que désignait le vocable *politique
africaine de la France*. Dans son cours, intitulé « Coopération et
développement[20] », le Pr Marcel Merle soulignait que la France

---

18 Le Discours de Ouagadougou est consultable sur le site de l'Élysée :
www.elysee.fr/emmanuel-macron/2017/11/28/discours-demmanuel-
macron-a-luniversite-deouagadougou.

19 GAULME F., *Emmanuel Macron et l'Afrique : La vision et l'héritage*, Paris,
IFRI, Centre Afrique subsaharienne, jan. 2019, p. 37.

20 MERLE M., cours de « Coopération et de développement », DESS de
Coopération et développement, Paris I-Sorbonne, 1989.

bénéficiait du statut de puissance moyenne dans la sphère internationale pendant la Guerre froide en raison de trois facteurs. Tout d'abord, son siège de membre permanent du Conseil de sécurité de l'Organisation des Nations unies ; puis, son rôle de premier plan dans la construction européenne aux côtés de l'Allemagne ; et, enfin, sa politique africaine élaborée sous le général de Gaulle et demeurée, depuis lors, un domaine réservé du chef de l'État[21].

La déclaration du président Macron signifierait-elle que cette réalité aurait déjà changé ou serait sur le point de changer ? Pour Brigitte Nouaille de Gorce, l'une des pionnières de l'étude de ces questions, la politique africaine du général de Gaulle forme un tout dont il est difficile et arbitraire de détacher un quelconque élément[22]. La politique africaine de la France se définit, entre autres, comme une politique de coopération, élaborée peu à peu, au gré des circonstances, plutôt que suivant un schéma préétabli et rigide. À moins que dans un monde qui a beaucoup changé depuis la fin de la Guerre froide, l'Afrique ne soit plus une priorité pour la

---

21 Malgré le tournant décisif de l'alternance, qui vit la Gauche accéder au pouvoir en 1981, et trois cohabitations entre la Gauche et la Droite (Mitterrand et Chirac, Mitterrand et Balladur, Chirac et Jospin), les fondamentaux de la politique africaine de la France sont demeurés inchangés à quelques variations et adaptations près.

22 Voir sa thèse de doctorat, NOUAILLE DE GORCE B., *La Politique française de coopération avec les États africains et malgache au sud du Sahara, 1959-1978.* Bordeaux : Institut d'études / Centre d'études d'Afrique noire, 1982, 567 p. ; et aussi CENTRE D'ÉTUDE D'AFRIQUE NOIRE & INSTITUT CHARLES DE GAULLE, *La Politique africaine du général de Gaulle : 1958-1969*, Actes du colloque organisé par le CEAN et l'Institut Charles de Gaulle, Bordeaux, 19-20 oct. 1979, Paris, A. Pedone, 1981. Ce colloque réunissait tous les experts de cette époque.

France comme l'Europe ne semble plus l'être pour le président américain Donald Trump, par exemple. Ce qui ne semble guère être le cas. Il paraît donc assez discutable d'affirmer qu'il « n'y a plus de politique africaine de la France », et nous nous attellerons à faire la démonstration du contraire, en nous appuyant sur deux ou trois analyses qui rejoignent les nôtres.

Mais, auparavant, voyons ce qu'Emmanuel Macron en dit lui-même :

> Il y a une politique que nous pouvons conduire, il y a des amis, il y a des gens avec qui on est d'accord, d'autres non. Mais il y a surtout un continent que nous devons regarder en face. Alors, il n'est jamais aisé, compte tenu de notre histoire partagée pour un président français de venir parler comme cela de l'Afrique, et je n'aurais pas la prétention ici d'exprimer la complexité et la diversité d'un continent de 54 pays. D'abord parce que ça a quelque chose de terriblement arrogant d'essayer d'expliquer en quelque sorte qu'il y aurait une unité absolue, une homogénéité complète ; 54 pays, avec autant d'histoire, avec plus encore d'ethnies et de langues, avec des relations qui ne sont pas les mêmes à l'égard de la France et un passé des traumatismes bien souvent différents. (*Discours de Ouagadougou*)

Pour un auteur comme Jean-Marc Châtaignier[23], la politique africaine de la France a une dimension fondamentale mais aussi singulière et spécifique à l'intérieur de la politique étrangère française, notamment pour son apport stratégique incontournable.

---

23   CHÂTAIGNIER J.-M., « Principes et réalités de la politique africaine de la France », *Afrique contemporaine,* De Boeck Supérieur, 2006/4, n°220, p. 247-261, consultable en ligne www.cairn.info/revue-afrique-contempo raine-2006-4-page-247.html.

C'est pour cela qu'elle a mis du temps à se fondre dans la politique étrangère et qu'il y a eu un ministre de la Coopération jusqu'en 1999 ainsi qu'une Cellule africaine dédiée à l'Élysée, jusqu'à ce jour[24]. Châtaignier reconnaît néanmoins que depuis 1996, on remarque des inflexions qu'il explique par le changement dans l'environnement international[25] et l'association de l'Europe à cette politique, d'une part, et, de l'autre part, par le changement de génération en France et en Afrique, qui ne porte plus le même regard sur ces relations d'essence coloniale.

À cela s'ajoute le fait que, depuis plus d'une décennie, la France élargit son champ d'action en Afrique au-delà du *pré carré*. Et qu'aujourd'hui, les trois piliers sur lesquels se structure cette politique sont « le pilier économique et financier, le pilier politique, et le pilier militaire et sécuritaire[26] ». La réflexion de

---

24 Même si la cellule actuelle de l'Élysée est à forte tonalité diplomatique et n'a plus la même influence que du temps du général de Gaulle ou même de Jacques Chirac. Pour une tentative d'explication de sa configuration depuis les origines, lire l'enquête *Jeune Afrique*, « Au cœur du 2, rue de l'Élysée », n°2956, 03-09 sept. 2017, p. 18-25.

25 Voir, par exemple, deux rapports récents commandés à des personnalités respectées de la politique étrangère française : Védrine H. & alii, *Un Partenariat pour l'avenir : 15 propositions pour une nouvelle dynamique économique entre l'Afrique et la France*, Rapport remis au ministre de l'Économie et des finances, Pierre Moscovici en décembre 2013, Paris, La Documentation française, 170 p. ; Attali J., *La Francophonie et la francophilie : moteurs de développement durable*, Rapport remis à François Hollande le 26 août 2014, Paris, La Documentation française, 246 p.

26 Selon Gaulme, *op.cit.*, p. 14-17 et Châtaignier, *op.cit.*, p. 251-254. Sur la diplomatie économique, voir Bakhat B., « Diplomatie économique de Macron en Afrique : Françafrique ou France & Afrique ? », *Afrique la Tribune*, 11 déc. 2017, 13h06, afrique.latribune.fr/think-tank/tribunes/ 2017-12-11/diplomatie-economique-de-macron-en-afrique-francafrique-

Un discours novateur ?

François Gaulme tient certainement, au regard des interventions *a minima* de la France en Afrique ces dernières années.

Mais nous allons d'abord nous interroger sur le message à retenir dans le discours du président Macron en Afrique. D'abord dire que le candidat Macron avait annoncé la couleur dans son programme de campagne, où il dépeignait pour la France et, naturellement, pour ses alliés un changement d'époque et de paradigme, en d'autres termes, la mise à mort de l'ancien monde[27]. Le *dégagisme* qui s'en est suivi dans ses premiers actes de président de la République, a permis de confirmer la réalité du renouvellement profond de la classe politique en France qui semble irréversible, malgré les résistances et les pesanteurs de l'ancien monde[28] qui viennent hanter sa volonté de réforme et de faire enfin entrer la France dans une nouvelle époque. Est-ce cela

ou-france-afrique-761231.html. Selon Badr Bakhat, cette nouvelle diplomatie économique, qui est une sorte de co-développement « à la marocaine », suppose une révision radicale par la France de sa grille de lecture ; en lançant son initiative « Tout Afrique », Emmanuel Macron choisit une vision globale du continent africain, pris dans sa globalité ; d'où une ouverture vers l'Afrique anglophone et lusophone.

27 Ce président qui aime parler « sans filtre » s'était exprimé clairement dans son livre, *Révolution, c'est notre combat pour la France*, Paris, éditions XO, 2016, 270 p. et dans *Macron par Macron*, Paris, Éditions de l'Aube, 2017, 152 p. Il y indiquait déjà sa vision de la France.

28 Ainsi, une grande part de la classe politique qui avait animé les trente dernières années de la Ve République en France a été laminée : plus de Gauche, ni de Droite, tous « ringardisés ». Il faut introduire un bémol néanmoins, car il n'y a pas encore de lisibilité nette de ce qu'est le macronisme, en dehors du changement de visages. Par ailleurs, l'affaire Benalla et son pendant africain, démontrent combien il lui sera difficile de chasser les anciennes pratiques de la diplomatie parallèle (Françafrique) de la France en Afrique.

qu'il est venu annoncer aux jeunes Africains et à tous les Africains à Ouagadougou puis à Accra[29] ?

Pour en revenir au discours, on dira que le président Macron a volontairement choisi de s'adresser à la jeunesse africaine qui, comme lui, n'a connu ni la colonisation, ni la première décennie de décolonisation, ni le paternalisme criant de ces années d'indépendance :

> Je suis d'une génération de Français pour qui les crimes de la colonisation européenne sont incontestables et font partie de notre histoire. Je me reconnais dans les voix d'Albert Londres et d'André Gide qui ont dénoncé les milliers de morts du Chemin de fer du Congo, et je n'oublie pas que ces voix alors ont été minoritaires en France comme en Europe. (*Discours de Ouagadougou*)

Aussi pour que son choix ne paraissent pas anodin, il a voulu se rendre au Burkina Faso, un pays où une jeunesse venait de renverser à mains nues un régime militaro-civil vieux d'un quart de siècle, et dans une université qui porte le nom d'un des plus

---

29 On observera que la tonalité du discours de Ouagadougou n'était pas la même que celle du discours d'Accra, à l'Independence Square. En effet, on ne parle pas à l'ancien *pré carré* comme on parle à des marchés à conquérir, tels le Ghana ou le Nigeria, d'autant plus que le Royaume-Uni y fait son grand retour. D'ailleurs, comme le relate plus tard le journal français *Libération*, le président ghanéen vole quasiment la vedette au président Macron, en prononçant un discours qui renverse les rapports de subordination et rejette le recours systématique à l'aide et à l'assistanat ; voir l'analyse de MALAGARDIS M., « Ghana : Nana Akufo-Addo, un président qui s'émancipe », *Libération*, 14 février 2018, www.liberation.fr /planete/2018/02/14/ghana-nana-akufo-addo-un-president-qui-s-eman cipe_1629763.

éminents historiens africains, qui plus est burkinabè[30], pour parler à l'Afrique et dialoguer sans filtre, de manière décomplexée sur tous les sujets, y compris les plus sensibles. Il appelle Français et Africains à regarder vers l'avant.

Ainsi, sur le plan économique, il assigne aux entreprises françaises et aux structures de développement, comme l'Agence française de développement (AFD), la mission d'accompagner l'entrepreneuriat africain quitte à modifier la forme de ces structures. Il les encourage à investir en Afrique, « terre d'avenir », rappelle aux Africains que c'est le « temps de l'Afrique[31] » et les invite à relever avec la France les défis actuels, ensemble : changement climatique, démographie[32], justice sociale.

Le président Macron promet aussi d'augmenter l'aide au développement et de la revoir. Il en a aussi appelé à une nouvelle alliance entre la France et l'Afrique face aux nouveaux défis : la traite des êtres humains, les migrations, le terrorisme, la sécurité, les conflits politiques et les changements politiques par la voie démocratique. Mais surtout à combattre ensemble l'obscurantisme et l'extrémisme religieux par l'éducation, en particulier de la jeune fille. Il a aussi parlé de santé, d'entrepreneuriat, bref de toutes les questions qui sont aujourd'hui dans l'agenda international et que les Africains connaissent.

30　L'université porte le nom de Joseph Ki-Zerbo, auteur de *La Natte des autres : Pour un développement endogène* (Dakar, CODESRIA, 1992, 494 p.) et défenseur acharné du développement endogène en Afrique noire.

31　Il faut d'ailleurs se demander de quelle Afrique il s'agit, car ce continent entre en mondialisation en rangs dispersés et peine à faire son unité dans un monde globalisé qui encourage cette approche.

32　Il cite la statistique de 450 millions de jeunes Africains à insérer dans le monde du travail en Afrique en 2050.

Beaucoup de volontarisme dans ce discours qui aborde des thématiques inscrites dans l'air du temps sur l'Afrique et affirme que les Africains peuvent compter sur la France. Surtout il termine son discours fleuve sur un appel à reconstruire une nouvelle relation France-Afrique comme le firent ses trois prédécesseurs. Mais, la particularité de son approche est qu'il propose *trois nouveaux piliers* : la culture, notamment et singulièrement sous l'angle de la défense et de la restitution du patrimoine culturel africain ; le sport, en appelant de ses vœux la mise en place d'une diplomatie sportive franco-africaine en termes de transfert de savoir-faire et d'expertise. La langue française partagée avec certains Africains et la Francophonie politique[33].

Certains diront que le président français a fait preuve d'ouverture et de disponibilité à briser la glace d'une relation franco-africaine encore paternaliste et patrimoniale. D'autres diront, comme l'hebdomadaire *Jeune Afrique,* qui en rendait compte dès le lendemain, dans un article intitulé « Paroles, paroles », pour signifier que le disque semblait rayé et que ce discours ne serait pas suivi d'effets. Il est vrai que le décalage entre le discours de Ouagadougou et celui du lendemain à Accra au Ghana, ainsi que les interviews à la même période sur France 24-

---

33   Pour mieux comprendre cette nouvelle orientation de la diplomatie française, lire le récit fait par Laurent Fabius, ministre français des Affaires étrangères et du Développement industriel de 2012 à 2016, qui a ouvert la brèche d'une possible diplomatie sportive pour la France comme élément supplémentaire du *soft power* qu'elle essaye de mettre en place depuis cette époque. Il y raconte son expérience ministérielle qui irrigue déjà l'Afrique via des institutions comme les Instituts français en Afrique : FABIUS L., *37, Quai d'Orsay : Diplomatie française, 2012-2016*, Paris, Plon, 2016 199 p. ; lire aussi FOUCHER M., dir., *Atlas de l'influence française au 21ᵉ siècle*, Paris, Institut français/Robert Laffont, 2013, 179 p.

Un discours novateur ?

RFI-Trace TV donnent l'impression qu'il a voulu s'expliquer, rétablir la confiance et demander à être jugé sur ses actes (France 24). Il n'en demeure pas moins que des doutes persistent même chez les experts français des questions africaines et certains intellectuels africains.

Emmanuel Macron exprime ainsi sa volonté affirmée de restitution des œuvres d'art africaines encore en souffrance dans les collections privées et réserves des musées occidentaux[34] : « Je veux que, d'ici cinq ans, les conditions soient réunies pour des restitutions temporaires ou définitives du patrimoine spolié à l'Afrique. » Volonté aussitôt suivie d'effet sous la forme d'une commission[35] co-présidée par l'intellectuel sénégalais, Felwine Sarr, et l'historienne de l'art française, Bénédicte Savoy, chargés de réfléchir sur les conditions matérielles et juridiques de rapatriement en Afrique d'œuvres d'art spoliées à l'Afrique. Leur rapport, rendu en novembre 2018, fait une liste de propositions concrètes.

Il faut aussi noter le débat sur les suites de l'affaire Thomas Sankara, le trafic des migrants, la facilitation des visas étudiants ; à

---

34 Sur ce sujet, voir le court-métrage documentaire réalisé par DONADA J. & CASSET G., *L'Inventaire*, Paris, L'Harmattan, 32 min., 2011, qui recense quelques objets rares détenus dans des collections privées en Europe.

35 Voir SARR F & SAVOY B., *Rapport sur la restitution du patrimoine culturel africain : Vers une nouvelle éthique relationnelle*, nov. 2018 ; voir aussi le dossier de JEUNE AFRIQUE, « La France rendra-t-elle son butin ? », n°3023, 16-22 déc. 2018, p. 22-35. Ce processus risque d'être long et complexe, s'apparentant à celui de la dé-classification des fonds d'archives diplomatiques de la période 1957 à 1971 sur la répression des nationalistes au Cameroun, initiée par le président Hollande ; les premiers documents y afférents ont été déclassifiés fin novembre 2018.

ce sujet, le président Macron fait des promesses fortes : « Je souhaite que tous ceux qui sont diplômés en France puissent y revenir quand ils le souhaitent et aussi souvent qu'ils le souhaitent grâce à des visas de plus longue durée ». Il tente de renverser la tendance au désamour chez les jeunes étudiants africains qui estiment que la France n'est plus aussi accueillante depuis quelques années et qui préfèrent s'envoler vers des pays comme l'Allemagne, les États-Unis, le Canada, la Grande-Bretagne ou la Chine. Là aussi, gare à la désillusion, car cette promesse tonitruante apparaît comme une solution *a minima* aux yeux des Africains de France, souvent « obligés » d'y rester malgré eux, de peur de ne plus pouvoir obtenir un visa pour repartir en France s'ils retournaient dans leur pays d'origine[36].

Parmi les questions posées par le public, l'inévitable sujet du franc CFA, qui agite les intellectuels et politiques africains depuis quelques années. Certains vivent cette monnaie comme l'un des derniers vestiges du néo-colonialisme français, un instrument de servitude et un frein à l'émancipation financière et économique des États africains. Comme le président Sarkozy, Emmanuel Macron s'est dit ouvert à ce débat et n'a pas esquivé la question. Par une pirouette habile, le président Macron renvoie la question aux chefs

---

36   Il est à noter que la nouvelle stratégie d'attractivité des étudiants en France, présentée en novembre 2018, en a frustré plus d'un, car elle comporte une clause d'augmentation exponentielle des frais d'inscription dans les universités qui risque d'exclure de nombreux Africains candidat à la poursuite d'études supérieures en France (2 770 € en licence et 3 770 € en master et doctorat, contre 243 € et 380 € actuellement). Voir le document, *Choose France/Choisir la France : Stratégie d'attractivité pour les étudiants internationaux*, dossier de presse élaboré par le Premier ministre, www.gouvernement.fr, novembre 2018.

Un discours novateur ?

d'États africains, qui n'ont pas encore fait de demande officielle de réforme du compte d'opérations, objet de toutes les polémiques et de tous les fantasmes[37].

Au travers du jeu de questions-réponses « sans tabou et sans filtre », orchestré par le président Macron et les jeunes burkinabè, on a pu ressentir une sorte de complicité intergénérationnelle — voire intragénérationnelle — et, surtout, une volonté de normaliser et de décomplexer les relations entre la France et l'Afrique. Mais la réalité sera-t-elle conforme au discours, le *dire* sera-t-il le *faire* ?

Avant lui, les présidents Sarkozy et Hollande avaient presque utilisé les mêmes mots pour marquer leur volonté de rupture avec la Françafrique, cette part d'ombre, ce boulet qui empêche toute réforme dans ce domaine. Ainsi, dans son 58e engagement de campagne (2011-2012), Hollande affirmait : « Je romprai avec la Françafrique en proposant une relation fondée sur l'égalité, la confiance et la solidarité ». Au cours de l'un de ses meetings de campagne au Bourget, le 22 janvier 2012, il déclarait : « Présider la République, c'est ne pas inviter les dictateurs en grand appareil à Paris ». Seul le temps nous dira si le président Macronsera parvenu à ses fins, n'étant pas encore à mi-mandat et les événements en

---

37 Sur ce sujet polémique ayant cours depuis les indépendances et réactivé ces dernières années par les sorties outrancières de l'activiste franco-béninois, Kemi Seba, ainsi que les déclarations sur la France de Luigi di Maio et Matteo Salvini, deux vice-présidents du gouvernement italien, au début de l'année 2019, voir l'ouvrage collectif de chercheurs et experts économistes, Nubukpo K., Ze Belinga M., Tinel D. & Dembele D.M., dir., *Sortir de la servitude monétaire : À qui profite le franc CFA ?*, Paris, Éditions la Dispute, 2016, 241 p. ; voir aussi l'ouvrage de la journaliste indépendante, Pigeaud F. & de l'économiste Sylla N.S., *L'Arme invisible de la Françafrique : Une histoire du franc CFA*, Paris, La Découverte, Cahiers libres, 2018, 234 p.

France, comme en Afrique, étant légion pour permettre — ou entraver — son déploiement comme homme d'État[38].

La France officielle du président Macron, qui veut changer le monde et le faire entrer dans une nouvelle ère, ne doit pas oublier que, à sa manière, la Françafrique, a façonné durablement les réalités de la politique africaine de la France. Un seul discours, fût-il minutieusement préparé, ciblé, argumenté, ouvert sur le siècle, soucieux de tourner la page sur les malentendus postcoloniaux, désireux de s'adresser à une nouvelle génération d'Africains au nom de la France, suffira-t-il à faire évoluer une politique qui, malgré les apparences, notamment verbales, de ces dernières années, n'a quasiment pas changé ? Les fondamentaux sont encore présents et solides : la politique culturelle s'appuyant sur un réseau ancien de centres culturels regroupés sous la bannière de l'Institut français au début des années 2010 ; la politique de coopération militaire et de défense ; la politique économique et son opérateur réformé, l'Agence française de développement (AFD), anciennement Caisse centrale de coopération économique (CCCE) ; la politique monétaire avec la zone franc, etc.

En mars 2017, Pascal Lamy, ancien directeur général de l'Organisation mondiale du commerce (OMC, 2005-2013) disait dans l'hebdomadaire *Le Point*, que pour réformer, il faut tenir compte de cinq paramètres incontournables[39]. Premièrement, le

---

38   Voir, WOUAKO TCHALEU J., *François Hollande et la Françafrique : Le défi et la rupture*, Paris, L'Harmattan, 2012, 102 p.

39   LAMY P., « Les cinq commandements du réformateur », *Le Point*, Dossier « Canada, Suède, Allemagne. Comment on ressuscite un pays : Puisqu'on vous dit que c'est possible ! », n°2342, 23 mars 2017, p. 36. Ces conseils sont transposables à une relation comme celle qui lie la France à l'Afrique francophone et qui résiste encore aux transformations.

mandat du peuple : le président Macron le détient, indiscutablement, puisqu'il a été élu par le peuple français. Deuxièmement, une *histoire convaincante à raconter* : à Ouagadougou, il a tenté de convaincre et de raconter une histoire susceptible de toucher et d'emporter l'adhésion de son auditoire-cible, la jeunesse africaine, grâce à un discours pédagogique expliquant les liens présents, passés et futurs entre la France et l'Afrique. Troisièmement, il faut *mobiliser les gagnants* : c'est ce qu'il s'est efforcé à faire en ciblant, les jeunes, les jeunes filles et la société civile, probables gagnants de la modernité annoncée, aux côtés des entrepreneurs et des élites (politiques et intellectuelles). Quatrièmement, il faut *indemniser ou se repentir auprès des perdants* : le président Macron a attaqué de front des sujets contentieux, comme la restitution des objets d'art africains, les visas, etc. Enfin, et cinquièmement, il faut *disposer de temps* : il lui reste encore les deux tiers de son quinquennat et il pourrait être réélu pour un second mandat.

Ainsi, tous les éléments d'analyse fournis permettent de dire, sans risque de se tromper, que le discours de Ouagadougou est novateur, du moins sur la forme. Il a été perçu et salué comme tel par de nombreux observateurs du *village franco-africain*. Toutefois, la forme ne parvient pas à masquer les accents de déjà entendu, dans un contexte où l'Afrique est à l'affût de propositions concrètes et où le monde ouvert de la globalisation permet désormais d'évaluer les écarts entre le dire et le faire.

Chapitre 2

Un discours fondateur ?

Chapitre 2

Un discours fondateur ?

Pour beaucoup, le discours d'Ouagadougou apparaît comme fondateur, à l'instar de ceux du président Mitterrand à Cancun au Mexique en 1981 (exposant sa vision du devenir du Tiers-Monde) et à La Baule en 1991 (liant la démocratie et le développement en Afrique). En effet, non seulement il a été minutieusement préparé et adapté au contexte international ainsi qu'à l'actualité des deux partenaires, mais il est, également, porteur de la vision, de la volonté et de l'action qui ont accompagné les premiers pas du président Macron au pouvoir.

Notons que ce discours intervient dans le monde de l'après-Guerre froide, au moment où les mutations de la scène internationale et de la mondialisation induisent un certain *déclassement* de la France, qu'il s'agisse des questions mondiales, européennes ou africaines[40]. Et dans lequel, *a contrario*, l'Afrique redevient un continent convoité, courtisé, revalorisé stratégiquement en dépit de ses fragilités, qui regarde vers d'autres

---

40   Voir CHARILLON F., *La France peut-elle encore agir sur le monde ? Éléments de réponse*, Paris, Armand Colin, 2010, 189 p. ; BADIE B., *L'Impuissance de la puissance*, Paris, CNRS, 2013, 298 p.

horizons que la seule France[41]. Aussi, dans ce chapitre, nous allons procéder à un décryptage de ce discours au volontarisme affiché, face à une jeunesse africaine à la conquête de sa renaissance, et face à la multiplicité des offres de partenariat aux portes du continent[42].

La fabrique d'un discours ciblé et volontariste

Notons d'abord que l'élection du président Macron restera, avec l'accession au pouvoir de Donald Trump aux États-Unis, comme l'un des événements majeurs de l'année 2017. Pourquoi ? Sa jeunesse (39 ans au moment de son élection), son courage politique, son *bagout*, son profil et sa trajectoire inédits (un banquier sans expérience politique, sans parti, jamais élu, sans ancienneté) aux antipodes du profil de ses prédécesseurs et du parcours fléché habituel menant à la fonction suprême en France, sous la Ve république.

Le bouleversement politique opéré en France en si peu de temps avec son mouvement « En Marche » a eu pour conséquence le *dégagisme* et un renouvellement de grande amplitude de la classe

---

41   Titre de l'ouvrage de SEVERINO J.-M. & RAY O., *Le Temps de l'Afrique*, Paris, Odile Jacob, 2010, 345 p. ; HUGON P., *Afriques, entre puissance et vulnérabilité*, Paris, Armand Colin, 2016, 256 p.

42   Ce n'est pas un hasard si de nombreux pays ont emboîté le pas à la France qui fut pourtant novatrice, sous la présidence de Valéry Giscard d'Estaing, dans l'organisation de sommets calqués sur le modèle des sommets France-Afrique : Chine-Afrique (FOCAC), Japon-Afrique (TICAD), Inde-Afrique, pour ne citer que les plus importants. Et l'on voit des pays comme la Russie, Israël, le Brésil, l'Inde, la Corée du Sud, le Royaume-Uni ou l'Allemagne marquer un intérêt de plus en plus prononcé pour l'Afrique, certains avec des propositions concrètes … et difficiles à refuser.

politique française ; le plus spectaculaire depuis la Seconde Guerre mondiale[43].

Un autre indicateur important est le profil personnel d'Emmanuel Macron. Banquier d'affaires, énarque, philosophe, il a tendance à voir le monde, comme l'analysait le sociologue des relations internationales, Marcel Merle[44], au prisme de sa formation professionnelle : ainsi tout son discours aux tonalités entrepreneuriale semble être à la recherche de résultats, avec des objectifs précisément énoncés, à l'aide de chiffres se voulant clairs, quitte à changer les paradigmes et les méthodes. Il tend donc à introduire dans la politique une culture du résultat encore peu répandue dans cette sphère, en particulier dans les rapports avec l'Afrique.

Aussi, son discours de Ouagadougou puis ses déclarations d'Accra ont été pensés comme la volonté de « dire ce que l'on fait, et faire ce que l'on dit », comme une sorte de *leçon inaugurale*, à l'instar du discours de la Sorbonne sur l'Europe devant un parterre de jeunes (tout un symbole) ; ou même son discours sur les banlieues ou sur la cause des femmes. Le président Macron tenterait ainsi de poser une série en forme de « discours de sa méthode », comme s'il mettait en place les fondements d'une VIe République qui ne dirait pas son nom.

---

43   Pour comprendre son exceptionnelle ascension politique, voir deux ouvrages d'investigation journalistique, l'un à charge, l'autre à décharge : MAGNAUDEIX M., avec la rédaction de Médiapart, *Macron et Cie : Enquête sur le nouveau président de la République*, Préface d'Edwy Plenel, Paris, Éditions Don Quichotte, 2017, 292 p ; DOMENACH N. & SZAFRAN M., *Le Tueur et le poète : Ce qu'on n'avait encore jamais osé écrire*, Paris, Albin Michel, 2019, 320 p.

44   Merle, Cours « Coopération et développement », *op.cit.*

En l'absence notable, mais compréhensible chez un politique de sa génération, d'une véritable connaissance personnelle ou professionnelle de l'Afrique (quasiment aucune expérience en Afrique en dehors d'un stage de six mois à l'ambassade de France au Nigeria dans le cadre de ses études à l'ENA), la fabrique du discours présidentiel français pointe vers divers *think-tanks* comme l'Association Africa France. Cofondée par Lionel Zinsou, franco-béninois, ancien Premier ministre du Bénin, actuellement chef d'entreprise en France, Africa France a pour ambition de renforcer les relations entre les entreprises de France et de l'ensemble du continent africain, sur une base partenariale, pour une croissance durable et inclusive. Il est clair que la nouvelle approche entrepreneuriale proposée par le président Macron provient de ce laboratoire d'idées, en raison de la proximité entre les deux hommes ; par ailleurs, de nombreux éléments de ce discours sont identiques aux résolutions de la première édition des Rencontres Africa, tenues à Paris, dans les locaux du Conseil économique, social et environnemental (CESE) les 22 et 23 septembre 2016.

On peut aussi citer la fondation Terra Nova, *think-tank* progressiste indépendant français, ayant pour but de produire et de diffuser des solutions politiques innovantes, en France et en Europe. D'autres sources d'inspiration de ce discours novateur sont Jean-Marie Severino, ancien directeur de l'AFD, actuellement président d'Investisseurs & Partenaires (I&P), actif dans le secteur naissant de l'*impact investing*, afin de soutenir l'essor des petites et moyennes entreprises en Afrique subsaharienne ; Jacques Attali ou Hubert Védrine, auteurs de rapports fondamentaux sur les mutations nécessaires de sa politique étrangère au 21e siècle[45].

---

45   Attali, *op.cit.* ; Védrine & alii, *op.cit.*

Un discours fondateur ?

À ces sources intellectuelles, il faut ajouter les conseillers officiels et le réseau diplomatique français en Afrique qui fournit une information de première main pour faire un état des lieux précis de l'Afrique d'aujourd'hui ; car ce continent est actuellement en pleine mutation et les partenaires traditionnels de la France sont tentés par la diversification des partenariats nouveaux qui s'offrent à eux depuis la fin du *pré carré* et de la Guerre froide[46].

Enfin, le Conseil présidentiel pour l'Afrique (CPA), composé de onze membres sous la houlette de Jules-Armand Aniambossou (condisciple d'Emmanuel Macron à l'ENA), jeunes *Afropolitains,* issus de la société civile, du secteur privé et de la diaspora africaine en France. Sa mission permanente est de nourrir la réflexion du président Macron pour faire évoluer la politique africaine de la France[47]. Il s'en explique lui-même devant son auditoire :

> Mais d'autres m'aideront aussi pour entendre votre message et j'ai tenu à ce qu'ils soient présents à mes côtés aujourd'hui.
> Ce sont les membres du Conseil présidentiel pour l'Afrique. Pour l'Afrique car ils seront un lien permanent avec vous comme le sont les organisations que je n'oublie pas, qui œuvrent au quotidien sur le terrain aux côtés des populations. Et présidentiel car votre voix me sera restituée sans filtre, sans intermédiaire, sans concession.

---

46 Voir le dossier consacré à son discours par *JEUNE AFRIQUE,* notamment l'article « Emmanuel Macron à Ouaga : petite histoire d'un discours », 04 décembre 2017 à 15h23, https://www.jeuneafrique.com/mag/498905/politique/emmanuel-macron-a-ouaga-petite-histoire-dun-discours/.

47 Pour une analyse de la composition du CPA, voir COMPAGNON S, « Qui siège au Conseil présidentiel pour l'Afrique mis en place par Macron ? », *Le Parisien*, 28 nov. 2017, 16h56, www.leparisien. fr/politique/qui-siege-au-conseil-presidentiel-pour-l-afrique-mis-en-place-par-macron-28-11-2017-7420734.php).

Chapitre 2

C'est ce qu'ils ont commencé à faire il y a quelques jours, lorsque nous avons préparé ensemble ce déplacement.

Ce sont des jeunes femmes et de jeunes hommes qui ont accepté de prendre sur leur temps pour venir être, en quelque sorte, vos porte-voix, pour venir à la rencontre [sic], pour venir écouter, partager leur expérience. Non pas me dire ce qu'il faudrait me dire ou ce qu'on dit à un président de la République depuis parfois bien longtemps. Non ! Me dire ce qui se dit, ce qui se ressent, ce qui se veut, ce qui est attendu, ce qui est nécessaire. C'est ce qu'ils continueront de faire en veillant au respect des engagements pris devant vous.

Ce Conseil présidentiel pour l'Afrique est regardé par beaucoup d'experts comme un objet de curiosité, par son côté innovant et parce qu'il « échappe aux courants classiques de la politique africaine et à l'univers politique ». Mais est-ce une force ou une faiblesse de s'appuyer sur une page presque vierge pour redessiner une nouvelle approche de la politique africaine hors des canaux habituels des africanistes, experts et spécialistes reconnus ?

Le président Macron arrivant à Ouagadougou puis à Accra en cette fin de novembre 2017, semble décidé à montrer qu'il a la main, tant il est hanté par le *déclassement* international de la France sur le terrain africain qui lui était pourtant acquis jusque dans les années 1990. Or, de renoncements en renoncements, de demi-promesses en fausses promesses, ce partenaire stratégique, qu'est la France pour l'Afrique francophone, a fini par créer une distance qui est devenue de la méfiance, voire de la défiance, de la part des Africains, nourrissant au passage un sentiment anti-français de plus en plus perceptible sur le continent que le président Macron est venu jauger dans son ensemble. Ceci est exprimé par une sentence sans appel, dans un article au vitriol, excessif mais instructif, cosigné par Achille Mbembe et Felwine

Un discours fondateur ?

Sarr dans le journal en ligne *Mondafrique* du 27 novembre 2017, à la veille de l'arrivée du président Macron en Afrique : « Africains, il n'y a rien à attendre de la France que nous puissions nous offrir nous-mêmes ».

Il s'est donc appuyé sur un discours volontairement *afro-optimiste*, dans un contexte où des auteurs proches de lui, comme Jean-Michel Severino, parlent du « temps de l'Afrique[48] » :

> En venant ici, au Burkina Faso, j'ai une seule certitude, que le changement, le renouveau générationnel dans un continent dont 70 % de la population a moins de 30 ans, ce n'est pas une option, c'est une loi mathématique. Et ceux qui pensent que, aujourd'hui, en Afrique, on peut avoir la même politique qu'on a parfois eue depuis des décennies et des décennies, qui voudraient retarder le cours de l'histoire, n'ont pas regardé le Burkina Faso à coup sûr, mais n'ont pas compris qu'il y avait un ferment essentiel à ce changement, leur propre jeunesse, la jeunesse africaine, qui elle est en train de tourner une page.
>
> Alors, j'appliquerai à mes interlocuteurs la même exigence que celle que je me suis fixé à moi-même, celle de préparer l'avenir, celle de faire une place à la jeunesse, celle d'investir en elle, je serai aux côtés de ceux qui font le choix de la responsabilité et pas celui du déni, partout où j'aurai de tels partenaires, je travaillerai avec eux sans calcul. [...]. Et partout où cela ne sera pas le cas, la France ne se privera pas d'un lien direct avec la jeunesse, les universités, les ONG, les entrepreneurs pour avec eux construire l'avenir. (*Discours de Ouagadougou*)

---

48   Severino & Ray, *op.cit.*

Le président Macron a donc choisi de parler de l'avenir et de la jeunesse, quitte à être indexé comme amnésique, délibérément oublieux des pesanteurs du passé d'une politique africaine mise en place par son aîné prestigieux, le général de Gaulle, mise en musique par Jacques Foccart, et dont les pratiques résistent encore à tous les *discours successifs de rupture* , prononcés et mis en œuvre depuis 1981 (année de la première alternance sous la Ve République). S'agit-il juste des effets du « syndrome Foccart » analysé par Jean-Pierre Bat dans un ouvrage récent sur l'héritage du tout puissant « Monsieur Afrique » du général de Gaulle[49] ?

Il faut se rappeler les levées de bouclier observées lorsque le président français affirmait : « il n'y a plus de politique africaine de la France ». Mais, si ce discours est moderne et innovant, toutes ces protestations démontrent qu'une partie de son articulation et de son déroulé, la posture du président Macron, les réponses aux questions de l'assistance à Ouagadougou et ses déclarations à Accra ramènent à un impensé colonial et des relents de paternalisme encore très présents dans les discours français sur l'Afrique francophone. Cette dernière participe encore trop souvent à ce jeu de rôles qui donne à penser qu'il faut « décoloniser la France » pour reprendre le titre d'un ouvrage de l'anthropologue camerounais, Charly Gabriel Mbock[50].

---

49   Bat, *Le Syndrome Foccart*, op.cit.

50   MBOCK C.G., *Décoloniser la France*, Montréal, Éditions Kiyikaat, 2010.

Un discours fondateur ?

Certes, dans l'histoire récente, les chefs d'État français ont eu coutume de recourir à des plumes de l'ombre ou à des officines spécialisées pour rédiger des discours majeurs[51]. Mais, dans le cas d'espèce, la volonté du président Macron de se démarquer en France comme en Afrique de tous les réseaux de la Françafrique, présentes au cœur des institutions de l'État, ainsi que du milieu des Africanistes et autres experts, l'a poussé à inventer un nouveau cadre à l'occasion de l'élaboration de ce discours africain.

Quitte à heurter la sensibilité de tous les *gardiens du temple* de la défense des intérêts de la France en Afrique. En somme une bonne illustration de son « ni droite ni gauche » théorisé pendant la campagne présidentielle et de son célèbre « en même temps ». Ainsi, on discerne sans difficulté des éléments de continuité dans son discours, notamment son ton paternaliste et donneur de leçons. Il est vrai que certaines de ces paroles sonnent comme une justification de sa nouvelle approche. Par exemple il dit lui-même, pour asseoir sa vision et son action future en Afrique :

> Je suis comme vous d'une génération qui n'a jamais connu l'Afrique que comme un continent colonisé.

> Je suis d'une génération dont l'un des plus beaux souvenirs politiques est la victoire de Nelson Mandela et son combat contre l'apartheid, chassé par une solidarité panafricaine allant d'Alger à Rabat, de Luanda à Conakry. C'est cela l'histoire de notre génération. (*Discours de Ouagadougou*)

---

51   Pour approfondir cet aspect, voir FAUX E., LEGRAND T. & PEREZ G., *Les Plumes de l'ombre : Les nègres des hommes politiques*, Paris, Ramsay, 265 p. ; FAUVET MYCIA C., *Les Éminences grises*, Paris, Belfond, 1988, 225 p. ; BIGOT R. & KAUFFER R., *Éminences grises*, Paris, Fayard, 1992, 432 p. Sans oublier le brillant DEBRAY R., *Le Scribe*, Paris, Grasset, 1980, 309 p.

Chapitre 2

Et de poursuivre quelques paragraphes plus loin :

> La France entretient avec l'Afrique un lien historique indéfectible, pétri de souffrance, de déchirements, mais aussi si souvent de fraternité et d'entraide. L'Afrique est gravée dans la mémoire française, dans la culture, dans l'Histoire, dans l'identité de la France et c'est là une force et une fierté que je veux cultiver, que je veux porter comme un atout de la France, pour la France et pour l'Afrique dans notre rapport au monde.

On ne peut manquer de souligner le lyrisme qui anime ce discours aux accents de causerie sur l'histoire commune entre personnes de la même génération. Mais, ce passé est-il vraiment passé, alors que le déni, les malentendus, l'impensé colonial sont encore tapis dans l'ombre, prêts à se manifester à chaque nouvelle crise entre la France et les Africains. Ce refus de nommer les choses et de reconnaître clairement les manquements et les crimes du passé colonial[52] conditionne bien plus qu'on ne le croit la gouvernance africaine d'aujourd'hui : du côté français, le refus de la repentance sur les crimes du passé ; de l'autre, la victimisation croissante chez les Africains, à mesure qu'ils connaissent mieux

---

52   Pour éviter le sempiternel jeu d'amour-haine des Africains vis-à-vis de la France, la jeunesse africaine devrait étudier assidument son histoire coloniale pour la comprendre et la dépasser. Voir, par exemple, FERRO M., *Le Livre noir du colonialisme (XVIe-XXIe siècles) : De l'extermination à la repentance*, Paris, Hachette, 2003, 1119 p. ; ou son ouvrage antérieur, *Histoire des colonisations : Des conquêtes aux indépendances*, Paris, Seuil, 1994, p. 493-515 ; et M'BOKOLO E., *L'Afrique au XXe siècle : Le continent convoité*, Paris, Seuil, 1985, 393 p. Les historiens et politologues africains gagneraient à s'intéresser au Fonds Foccart, ouvert depuis 2015 au sein des Archives nationales françaises, qui est une véritable mine d'or pour quiconque travaille sur ces questions.

leur histoire. Ce décalage ne sera pas de nature à réconcilier les peuples français et africain, alors qu'ils ont encore beaucoup à se dire et à apprendre sur ces sujets.

Par conséquent, écarter les circuits traditionnels en Afrique comme en France, les experts, les africanistes et les témoins du *village franco-africain*, ainsi que certaines structures et rapports[53] (le premier du genre étant le rapport Abelin sur la coopération de 1975), risque de renforcer l'amnésie et une forme de révisionnisme[54] pour ne plus peindre que d'une seule couleur une histoire faite de zones sombres et éclatantes à la fois. Renvoyer dos à dos les *Françafricains*, si l'on peut oser ce néologisme, et les gardiens du temple de l'africanisme, c'est balayer la poussière de l'histoire sous le tapis et renvoyer à demain ce qui devrait être traité aujourd'hui, au moment où les acteurs — de part et d'autres — écrivent leurs mémoires, les archives sont ouvertes, même partiellement, et les langues se délient.

Il s'agit de sources inestimables pour les générations actuelles qui ont besoin de comprendre ce qui se trame en Afrique noire francophone depuis les indépendances — et l'empêche de se

---

53 ABELIN P., *Rapport sur la politique française en Afrique noire*, Paris, ministère de la Coopération, La Documentation française, 1975, 78 p.

54 Une certaine littérature circule en France sur les bienfaits de la colonisation, notamment dans les milieux intellectuels et politiques de la Droite et de l'Extrême-droite, et une loi a même failli être votée dans ce sens. Il est permis de penser que ce révisionnisme a quelque peu influencé le discours du président Sarkozy à Dakar. Il serait donc urgent pour les Africains, et certains Français, de lire ou relire *L'Homme dominé* d'Albert MEMMI (Paris, Gallimard, 1968).

développer — pour pouvoir réparer ou, tout au moins, rectifier[55]. Voilà donc une faille profonde de ce beau discours, qui est de nature à compromettre les effets concrets attendus.

La jeunesse a soif de sincérité et de vérité sur ce qui est arrivé à son continent, en particulier en Afrique francophone, elle a besoin de comprendre et de prendre conscience pour agir et se libérer en allant vers une renaissance rêvée, avec des amis *réconciliés*, des *amis véritables*, tels la France qui clame son amour de l'Afrique depuis le général de Gaulle, sans qu'il ne soit nécessairement accompagné des gestes visibles d'amour qu'il faudrait[56]. Comme l'écrivait le philosophe George Santayana, « Ceux qui ne peuvent se souvenir du passé sont condamnés à le répéter ». François Gaulme résume ainsi toute la complexité de la démarche macronienne :

---

55 MESSMER P., *Après tant de batailles : Mémoires*, Paris, Albin Michel, 1992, 462 p. ; ROBERT M., *« Ministre » de l'Afrique : Entretien avec André Renault*, Paris, Seuil, 2004, 398 p. ; SIMON J.M., *Secrets d'Afrique : Témoignage d'un ambassadeur*, Paris, Éditions du Cherche-midi, 2016, 347 p. ; LUNVEN M., *Ambassadeur en Françafrique*, Paris, Glénat, 2011, 340 p. ; PENNE G., *Mémoires d'Afrique (1981-1998)*, entretiens avec Claude Wauthier, Paris, Fayard, 1999, 392 p. Du côté africain, on pourra lire avec intérêt BONGO O., *Blanc comme nègre ; Entretien avec Airy Routier*, Paris, Grasset, 2001, 310 p. ; WADE A., *Une vie pour l'Afrique*, Paris, Michel Lafon, 2008, 450 p. ; DIOUF A., *Mémoires*, Paris, Seuil, 2014, 378 p.

56 Voir FOTTORINO E., GUILLEMIN C. & ORSENNA E., *Besoin d'Afrique*, Paris, Fayard, 1992, 348 p. ; GLASER A. & SMITH S., *L'Afrique sans Africains : Le rêve blanc du continent noir*, Paris, Stock, 1994, 301 p. ; NEGRONI F. de, *Afrique fantasmes*, Paris, Plon, 1992, 265 p. ; GLASER A. & SMITH S., *Comment la France a perdu l'Afrique*, Paris, Calmann-Lévy, 2005, 276 p. ; HUGEUX V., *Les Sorciers blancs : Enquête sur les faux amis français de l'Afrique*, Paris, Fayard, 2007, 335 p.

Un discours fondateur ?

Dans l'action impulsée par Emmanuel Macron envers l'ensemble de l'Afrique, l'on observe enfin une forme plus générale et insinuante de déficit diplomatique, sous un mode budgétaire mais aussi en termes de communication. L'option présidentielle de privilégier le contact avec la société civile et la jeunesse en Afrique, novatrice en soi, a cependant pour effet de réduire d'autant la place des relations avec des dirigeants politiques nationaux que le président français connaît encore peu dans l'ensemble et que son attitude peut décontenancer par la familiarité ou l'impatience quant aux résultats[57].

Il faut donc se demander si les *fabricants* de son discours de Ouagadougou et de sa stratégie communicationnelle avaient en mains tous les codes de cette relation si particulière, faite d'us et de coutumes singuliers. Ou bien n'étaient-ils animés que par la volonté de surfer sur une actualité internationale propice à certaines thématiques, par la dimension *storytelling* propre au macronisme[58], et par le désir de reconquérir un continent de plus en plus distant de la France. Qu'est-ce qui l'a emporté ? Voici un exemple de phrase qui témoigne d'une forme de déconnexion :

Je serai aux côtés de ceux qui font le choix de la responsabilité et pas celui du déni, partout où j'aurai de tels partenaires, je

---

57   Gaulme, *op.cit.,* p. 33.

58   Sur le *storytelling* et son omniprésence actuellement comme stratégie de communication politique, voir SALMON C., *Storytelling : La machine à fabriquer des histoires et à formater les esprits*, Paris, La Découverte, 2007, 239 p. ; CLODONG (O) & CHÉTOCHINE (G), *Le Storytelling en action : Transformer un politique, un cadre d'entreprise ou un baril de lessive en héros de saga !*, Paris, Eyrolles/ Éditions d'organisation, 2009, 183 p. ; et SALMON C., *De Sarkozy à Obama : Ces histoires qui nous gouvernent*, Paris, Éditions Jean-Claude Gawsewitch, 2012, 224 p.

travaillerai avec eux sans calcul. Et c'est le cas ici, cher ROCH. Et partout où cela ne sera pas le cas, *la France ne se privera pas d'un lien direct avec la jeunesse, les universités, les ONG, les entrepreneurs pour avec eux construire l'avenir* [nos italiques].

Penser un seul instant que, au-delà de la théorie et du discours, un président français pourrait passer par-dessus la tête des dirigeants africains, taxés de *peu fréquentables*, pour s'adresser directement à la société civile et à la jeunesse engagée, et voler à son secours, relève au mieux de l'utopie, au pire de l'irresponsabilité. Surtout quand on connaît la nature de certains régimes politiques africains qui sont de moins en sensibles aux *diktats* venant de Paris et des organisations internationales de défense des libertés et des droits humains, voire aux injonctions de la communauté internationale.

Il est indéniable que les chefs d'État africains, notamment les plus anciens au pouvoir, se sont progressivement émancipés de la tutelle parisienne, ayant sans doute compris qu'il ne reste plus du *foccartisme* qu'un spectre flottant encore au-dessus des mémoires, se cherchant de nouveaux alliés plus sûrs. Dans le même temps, les déstabilisations des régimes africains, apparemment si aisées dans les années 1970 et 1980, ont cédé le pas à une classe dirigeante très consciente de ce que la France a plus besoin de l'Afrique que l'inverse, et qu'elle peut de moins en moins jouer le rôle de gendarme de l'Afrique[59]. Depuis la chute du président Henri Konan Bédié en Côte d'Ivoire, le 24 décembre 1999, alors que ce pays était réputé stable, présenté comme le fruit des excellentes

---

59   Voir GLASER A., *AfricaFrance : Quand les dirigeants africains deviennent les maîtres du jeu*, Paris, Fayard, 2014, 230 p.

relations entre la France et l'Afrique, les observateurs avertis des relations franco-africaines ont compris que la France de Jacques Foccart tirait lentement mais sûrement vers sa fin. Toutefois, sa mort définitive est encore lente.

Un exemple pris dans l'actualité récente est la petite phrase du président Paul Biya devant le président Hollande en visite au Cameroun, lors d'une conférence de presse, le 3 juillet 2015 : « Je commencerai par dire que ne dure pas au pouvoir qui veut, mais dure qui peut ». Le président français, médusé, était renvoyé aux moments difficiles qu'il traversait alors, chahuté par les Frondeurs de son propre parti et la perspective d'une prochaine campagne électorale difficile pour son éventuelle réélection. Face à cette *insolente* saillie, aucune conséquence comme du temps du « Non » de Sékou Touré au général de Gaulle ou des impertinences du Burkinabè Thomas Sankara face à François Mitterrand.

L'avenir donna raison au *lion camerounais* puisque François Hollande ne fut même pas candidat à sa réélection en 2017, laminé par l'irrésistible ascension de son jeune ministre, Emmanuel Macron. Plus près de nous, la prise de position brutale et inattendue du ministre français de l'Europe et des Affaires étrangères, Jean-Yves Le Drian, lors des élections présidentielles en RDC en janvier 2019, affirmant que Félix Tshisekedi n'était pas le véritable vainqueur de l'élection, ne fut suivie d'aucun effet sur le président sortant, Joseph Kabila, ou sur Félix Tshisekedi. Les temps ont vraiment changé.

Un an après le discours de Ouagadougou, les écueils auxquels le président avait à faire face dans l'exercice d'une politique africaine, rappelés par François Gaulme (sous-estimer l'impact historique de la colonisation ; ignorer les échecs de la « sécurité de l'Afrique aux Africains » ; survaloriser l'approche continentale)[60], sont particulièrement présents et le diagnostic du président français pourrait s'avérer erroné, pas plus tard que d'ici la fin de son quinquennat. L'impact historique de la colonisation a laissé de fortes séquelles qui nécessitent une catharsis à grande échelle pour sortir l'Afrique de ce traumatisme colonial et postcolonial encore prégnant chez ses dirigeants et ses peuples.

En matière de sécurité, l'opération Barkhane et l'intervention de l'armée française au Tchad, début février 2019, rappellent que l'idée de faire assurer la sécurité de l'Afrique par les Africains eux-mêmes, avec l'aide décalée de l'Europe, reste lointaine, surtout avec l'intrusion du terrorisme parfois utilisé comme alibi, en attendant que l'Union africaine ou des organisations sous-régionales dédiées jouent pleinement leur rôle dans ce domaine. D'autant que l'on sait que l'aspect sécuritaire est au centre de la coopération entre la France et l'Afrique francophone depuis au moins deux décennies, depuis que le terrorisme a fait son lit dans certains pays d'Afrique de l'Ouest (Burkina Faso, Mali, Niger) et d'Afrique centrale (Cameroun, RCA, Tchad). Au terrorisme s'ajoute aussi l'instabilité de certains pays du fait de la *malgouvernance*. Dans ce contexte, il est incontestable que les accords de défense, y compris leurs clauses secrètes, n'aient pas beaucoup changé depuis l'ère du *pré carré*[61].

---

60   Gaulme, *op.cit.*, p. 35.

61   Lire l'enquête de *JEUNE AFRIQUE* sur ce sujet : « France-Afrique : Comment l'armée a pris le pouvoir… Enquête sur un coup d'État silencieux », n°2773, 02-08 mars 2014, p. 30-33. L'intervention de l'aviation française au Tchad au début de l'année 2019 en atteste.

Un discours fondateur ?

Pour ce qui est de la survalorisation de l'approche continentale dans la gestion des questions africaines, la France n'a pas le soutien qu'elle escomptait, parce que l'Europe est en crise et que les approches communautaires sur des questions comme celle-ci ou celle des migrants ont montré au grand jour les divisions de l'Europe[62]. Par ailleurs l'Afrique, de nouveau attractive, attise les convoitises de beaucoup de pays européens, comme l'Allemagne, l'Italie, ou même le Royaume-Uni, qui entendent tenter ou retenter l'aventure, chacun de son côté, au moment même où l'on assiste au retour des nationalismes en Europe.

Par conséquent, malgré toute la peine prise à le construire et à le mettre en musique, le discours de Ouagadougou, risque de se heurter à la réalité des faits en France, en Afrique, en Europe et dans le monde, ce qui pourrait contraindre le président Macron à réajuster son analyse d'une Afrique francophone au destin automatiquement et indissociablement lié à celui de la France :

> Aujourd'hui, nous sommes orphelins, nous sommes orphelins en quelque sorte d'un imaginaire commun, nous souffrons d'un imaginaire qui nous enferme dans nos conflits, parfois dans nos traumatismes, d'un imaginaire qui n'est plus le vôtre, n'est plus le nôtre, et je veux reconstruire cet imaginaire commun et d'avenir. (*Discours de Ouagadougou*)

Or, comment reformer cette vieille relation s'il n'y a plus de familiarité et de lien sentimental ? Alors que les acteurs des deux

---

62   Sur la problématique des migrants dans l'Europe d'aujourd'hui, lire SMITH S., *La Ruée vers l'Europe : La Jeune Afrique en route vers le vieux continent*, Paris, Grasset, 2018, 265 p. Ouvrage édifiant sur les divergences au sein de l'Europe entre « l'égoïsme nationaliste et l'angélisme humaniste ».

côtés, particulièrement la jeunesse, souhaitent un lien décomplexé, une relation véritablement partenariale, au sens le plus noble de ce terme, fondée sur le respect et la considération, d'une part, et l'affranchissement de tous les complexes du colonisé face aux colonisateurs, de l'autre, dans un contexte où l'Afrique rêve d'être maîtresse de ses choix et de son destin au sein d'un environnement international qui lui ouvre les bras.

Il serait peut-être opportun de s'attarder un peu sur le profil véritable de la jeunesse qui était et demeure la cible du président Macron dans la nouvelle relation qu'il appelle de tous ses vœux. De quelle jeunesse parle-t-il ? De celle qu'il a rencontré à l'université Joseph Ki-Zerbo de Ouagadougou, scolarisée, éduquée et plus ou moins connectée au monde globalisé ? Ou bien de celle, plus remuante, vue à l'œuvre au sein de la société civile militante, orchestrant des mouvements comme *Y'en a marre* au Sénégal, *La Lucha* et *Filimbi* en RDC, ou le *Balai citoyen* au Burkina, précisément ?

Cette jeunesse-là s'engage dans la vie de la Cité pour l'avènement d'une nouvelle gouvernance, d'un changement de direction, sans viser nécessairement l'exercice du pouvoir politique. Que fait-il de la majorité de la jeunesse africaine, celle des villes et villages qui, faute de perspective et d'horizon, se débrouille, chôme, se prête parfois à toutes les aventures (terrorisme, émigration, grand banditisme, déstabilisation des régimes politiques en place). En fait, on doit, plus que jamais, parler de *jeunesses* qui parfois n'ont plus rien en commun les unes avec les autres et ne doit plus être envisagée comme un bloc[63].

Une volonté affichée de réforme

Si le discours de Ouagadougou devait être considéré comme le discours de la méthode d'Emmanuel Macron pour l'Afrique, plutôt que de l'étudier ici sur la durée, entre le dire et le faire, il s'agit de s'appesantir sur la posture et le contexte (en France, dans le monde et en Afrique) dans lequel il se prononce sur la jeunesse africaine et sur sa capacité de mettre en œuvre ses idées. Comme il le dit lui-même :

> Au bout de cette route nous avons le choix entre l'envie de nous retrouver ou la tragédie de nous ignorer. […] Alors quoi que nous puissions en dire demain cette route comme cette destination elle est entre vos mains, parce que c'est vous qui connaissez la route. (*Discours de Ouagadougou*)

Mais ce discours est aussi tributaire du regard que l'on porte sur son parcours, sur la place de la France dans le monde et sur les mutations en cours en Afrique. Il faut souligner que sa jeunesse, son parcours académique, ses réseaux, son courage politique, sa campagne victorieuse, ses premiers pas de président et les premiers bouleversements qu'il produit en France dans sa volonté de passer de l'*ancien* au *nouveau monde*, le créditent d'un *a priori* favorable à

---

63   À cet effet, lire deux ouvrages incontournables sur ces questions de jeunesse pour comprendre la trajectoire présente et future de jeunesse africaine : MBEMBE A., *Les Jeunes et l'ordre politique en Afrique noire*, Paris, L'Harmattan, 1985, 247 p. et, plus près de nous, KUPPER C. & alii, *Une Jeunesse africaine en quête de changement*, Paris, Groupe de Recherche et d'Information sur la Paix (GRIP), 2017, 144 p.

son arrivée en Afrique[64]. Et on lui accorde le bénéficie du doute sur sa capacité à nouer de nouvelles relations avec l'Afrique, là où les présidents Sarkozy et Hollande, pourtant porteurs d'un discours de rupture identique, n'ont pas réussi.

Notons que ce déploiement diplomatique tous azimuts durant les premiers mois de son mandat[65]a donné une indication claire sur sa volonté de faire mentir tous ceux qui parlaient du *déclassement de* la France au rang de puissance mondiale moyenne. Il est vrai que, dans le monde de l'après-Guerre froide, la puissance n'est plus ce qu'elle était. Pour Bertrand Badie, la puissance « est devenue internationalement impuissante [...] à cause des guerres asymétriques qui prennent le pas sur les guerres classiques et ruinent la fonctionnalité de la puissance.[66] » En somme, les États sont menacés par de nouveaux acteurs sur la scène internationale, on parle de communauté d'individus de réseaux, etc. Du reste, c'est peut-être pourquoi la France, sans abdiquer sa volonté de puissance dans un monde en quête de sens et de repères, a opté pour une *politique d'influence* dont l'enjeu et qu'elle devienne

---

64 Il a réussi à déclasser et à mettre à la retraite toute une classe politique pourtant présente depuis plus d'un quart de siècle. Ce renouvellement et ce rajeunissement sont du même ordre que celui qu'il rêve de voir s'opérer en Afrique. De même que son grand discours sur l'Europe, à la même époque, entendait refonder l'Europe, comme le firent les pères fondateurs. Les effets sont encore attendus !

65 À l'entame de son mandat, le président Macron rencontre tous les grands de ce monde, de l'Américain Donald Trump au Russe Vladimir Poutine, en passant par l'Allemande Angela Merkel, la Britannique Theresa May, le Canadien Justin Trudeau ; la liste est longue.

66 Badie, *L'Impuissance de la puissance*, op.cit. Voir aussi BONIFACE P., *La France est-elle encore une grande puissance ?*, Paris, Presses de Sciences Po, 1999, 137 p.

Un discours fondateur ?

« une référence, une nation créative, un lieu d'initiative qui inspire et entraîne les partenaires mondiaux[67] ».

Michel Foucher surenchérit :

> Forte de ce que la France a, depuis de Gaulle, un passé de rayonnement et de puissance, elle a voulu donner une dimension particulière au 21ᵉ siècle à sa politique d'influence en bâtissant des stratégies nationales d'influence[68].

Ces stratégies s'apparentent à du *soft power*, même si la France récuse cette terminologie. C'est pour cela qu'elle a réorganisé son réseau culturel et diplomatique à l'étranger et qu'elle tient à se différencier de la vision américaine du *soft power*, qui apparaît comme un complément indissociable de la puissance militaire. Pour cela la France considère que « les ressources à mobiliser sont moins matérielles et relèvent de la culture, de l'idéologie, des normes, des idées, de la persuasion et de la séduction »[69]. C'est cela que l'on parle ainsi de politique d'attractivité.

---

67 Foucher, *op.cit.*, 4ᵉ de couverture. Une lecture rapide du site internet du ministère de l'Europe et des Affaires étrangères montre néanmoins une sorte d'éparpillement thématique : diplomatie sportive, économique et commerciale, culturelle, numérique, etc. (www.diplomatie.gouv.fr). La mise en cohérence s'avère donc un enjeu crucial. L'ouvrage de Foucher définit bien le cadre d'exercice du *soft power* à la française.

68 *Ibid.*, p. 16.

69 *Ibid.*

Chapitre 2

Pour Foucher :

> L'influence est une géopolitique parce que, dans des domaines aussi divers que les droits de l'homme, le Code civil, la diplomatie … la littérature, l'art de vivre où le luxe, la France a laissé depuis des siècles sa marque indélébile dans toutes les régions du monde[70].

On ne peut donc nier qu'il existe « un pouvoir d'influence à la française », allant même au-delà de ce qui est cité plus haut pour englober le sport et la culture, puisque c'est l'une des promesses du président Macron à Ouagadougou de bâtir des échanges suivis entre la jeunesse africaine et la jeunesse française. Inversement, on peut aussi supposer que la France exprime par la voix de son président un devoir de reconnaissance de l'apport des Africains à la France en matière culturelle et sportive[71].

L'Afrique peut être considérée, plus que tout autre continent, comme le laboratoire de son influence ; elle y est déjà bien réelle et devrait donc s'accentuer et se renforcer pour tenter d'effacer l'ancienne politique de puissance de la France en Afrique, la fameuse « politique africaine » et son alter ego la « Françafrique ». D'où, d'ailleurs, la réforme institutionnelle annoncée et déjà entreprise des institutions et instruments de la politique de coopération avec l'Afrique : à l'Élysée, au ministère de l'Europe et des Affaires étrangères, dont le secrétaire d'État couvre un champ

---

70   Foucher, *op.cit.,* 4ᵉ de couverture.

71   Voir *JEUNE AFRIQUE*, « Ces Africains qui font gagner la France », n°1691, 03-09 juin 1993, p. 12-15. Sur le plan sportif, la victoire française aux deux coupes du monde de 1998 et 2018 est largement due à la contribution des joueurs d'origine africaine au sein de l'équipe de France.

Un discours fondateur ?

large, comme la Francophonie et non plus l'Afrique, au ministère de la Défense, à l'Agence française de développement (AFD)[72].

> L'enjeu n'est plus, comme la France l'a trop longtemps fait, de dispenser des leçons aux autres pays, mais bien plutôt de devenir une référence, une nation créative, un lieu d'initiative qui inspire et entraîne les partenaires internationaux[73].

On comprend peut-être mieux à partir de cet angle d'analyse ce que voulait dire Emmanuel Macron en Afrique lorsqu'il déclarait à ses partenaires africains qu'il n'y avait plus de politique africaine de la France et qu'il n'était pas venu donner des leçons… tout en en donnant au fil de son discours : « Je ne suis pas venu, jeunes d'Afrique, vous donner des leçons. Je ne suis pas venu vous faire la morale. » Encore une contradiction.

---

72   Voir *Jeune Afrique*, « Au cœur du 2, rue de l'Élysée », op.cit. On y apprend qu'elle compte quatre personnes (contre une soixantaine à la grande époque de Jacques Foccart), dont le chef de la cellule, Franck Paris, diplomate quadragénaire ; ses attributions et sa marge de manœuvre sont limitée, notamment, par son absence de lien direct avec le président lui-même puisqu'elle fait partie de la cellule diplomatique de l'Élysée (les notes de la Cellule sont ainsi « filtrées » par le secrétaire général de l'Élysée et par les conseillers diplomatiques du Président). D'un point de vue externe, l'influence du « 2 » est aussi contrebalancée par le fameux Conseil présidentiel pour l'Afrique , créé dès septembre 2017. Toutefois, après le coup d'éclat de la contribution au discours de Ouagadougou, le rôle exact et la portée du CPA restent encore difficiles à cerner. Voir l'analyse caustique de Caramel L., « Le Conseil présidentiel pour l'Afrique, outil controversé du *soft power* d'Emmanuel Macron», *Le Monde Afrique*, 29 nov. 2018, www.lemonde.fr/afrique/article/2018/11/29/le-conseil-presidentiel-pour-l-afrique-outil-controverse-du-soft-power-d-emmanuel-macron_5390187_3212.html.

73   Foucher, *op.cit.*, 4e de couverture.

Mais puissance ou influence, c'est toujours la France qui veut rester présente en Afrique, désormais dans toute l'Afrique[74]. Mais est-elle préparée et armée face à la concurrence de nouveaux partenaires moins prompts à l'ingérence ? Comment gérer les pesanteurs bien réelles de cette politique africaine, qui se confond parfois avec la Françafrique, si on n'en mesure ni les pesanteurs, ni les racines, ni les ramifications profondes ? Il est permis de douter qu'un discours puisse, à lui seul, séduire durablement les autres Afriques (anglophone, lusophone, hispanophone, arabophone) dont beaucoup n'avaient guère de relations de clientèle avec la France au temps de la Guerre froide. La mise en place d'une diplomatie économique plus agressive est le minimum requis.

Alors quelle signification le président Macro donne-t-il vraiment à cette expression : « fin de la politique africaine de la France » ? Est-ce l'organisation institutionnelle de cette politique particulière, mise en place par le général de Gaulle spécifiquement

---

74   Depuis plus d'une décennie, la France a ouvert les sommets France-Afrique à des pays africains n'appartenant pas au *pré carré*. Certains en sont même les vedettes. C'est ainsi que João Lourenço, président de l'Angola, pays lusophone, a été reçu en visite officielle en France, du 11 au 15 mars 2019. Plus tôt dans le mois, le président Macron effectuait un déplacement dans la Corne de l'Afrique, qui l'avait mené à Djibouti, en Éthiopie et au Kenya. Ces deux derniers pays ne faisant pas partie de la zone d'influence traditionnelle de la France, le président y est apparu comme un VRP traînant dans sa suite des grands patrons français, à la recherche de nouveaux marchés. Il assume ainsi pleinement son nouveau tropisme de l'*Afrique utile*. Voir BARMA A.Y., « En tournée dans la Corne de l'Afrique, Macron en quête de nouveaux marchés », *La Tribune*, 11 mars 2019, 17h05, afrique.latribune.fr/economie/2019-03-11/afrique-de-l-est-en-tournee-dans-la-corne-de-l-afrique-macron-en-quete-de-nouveaux-marches-810256.html.

pour les anciennes colonies françaises d'Afrique, restée quasiment inchangée, malgré les alternances et les cohabitations ? Ou bien est-ce tout simplement, comme il le confiait au journaliste Marwane Ben Yahmed, entre les deux tours de l'élection présidentielle de 2017, l'inclusion ou le renforcement du rôle de catégories importantes que sont la société civile et le secteur privé :

> J'entends également approfondir nos relations avec les acteurs de la société civile et les opérateurs économiques. C'est vital pour en terminer avec certains réseaux de connivence franco-africains et des influences qui, on l'a vu, subsistent malheureusement dans le système politique français, en particulier à droite[75].

Pour Pierre Jacquemot,

> On entend clairement dans ce propos la fin de la Françafrique (la « *France-à-fric* »), une mort déjà annoncée par Nicolas Sarkozy et François Hollande mais, cette fois, avec plus de conviction, probablement parce qu'elle est inspirée par un Conseil présidentiel pour l'Afrique composé pour moitié de jeunes Africains de la nouvelle génération[76].

Qu'est-ce donc que cette Françafrique tant décriée ? Il s'agit d'un néologisme attribué au président ivoirien, Félix Houhphouët-

---

75 *JEUNE AFRIQUE*, « L'énigme Macron », n°2938, 30 avr-06 mai 2017, p. 24. Ce dossier permet au lecteur de faire plus ample connaissance avec l'homme, son parcours, sa vision, ses réseaux, sa perception des grands dossiers internationaux et de l'Afrique.

76 JACQUEMOT P., « Emmanuel Macron : une normalisation décomplexée des relations entre l'Afrique et la France », Tribune, IRIS, 30 nov. 2017, http://www.iris-france.org/103697-emmanuel-macron-une-normalisation-decomplexee-des-relations-entre-lafrique-et-la-france/.

Boigny, en 1974, qui lui donnait un sens positif pour illustrer l'étroitesse des relations entre la France et l'Afrique et le caractère protéiforme de la présence française dans ce que l'on appelait le *pré carré*. Cette acception flatteuse n'a pas fait long feu et l'expression « Françafrique » en est venue à désigner un *système paracolonial*. En peu de mots, il s'agit aujourd'hui du lien quasi incestueux entre l'État et le secteur privé dans l'implémentation de la politique africaine de la France. C'est la part d'ombre de la présence française en Afrique, faite de personnalités troubles et de barbouzes, de diplomatie parallèle, de circulation de mallettes, de réseaux, d'hommes de l'ombre, de lobbies militaires, maçonniques ou ésotériques et d'affaires[77]. Elle est exposée et souvent dénoncée par des journalistes d'investigation comme Pierre Péan, Antoine Glaser et Stephen Smith, qui se sont érigés en experts ce cette relation au fil du temps ; par des associations comme Agir-ici et Survie qui lui consacrent de nombreuses publications ; et par des lettres confidentielles comme *La Lettre du Continent*, spécialiste des coulisses de la relation officielle entre la France et l'Afrique.

77　Voir les ouvrages du principal vulgarisateur de l'expression, VERSCHAVE F.-X., *La Françafrique : Le plus long scandale de la République*, Paris, Stock, 1998, 379 p. ; *Noir Silence : Qui arrêtera la Françafrique ?*, Paris, Les Arènes, 2000, 591 p. ; *De la Françafrique à la mafiafrique*, Paris, Tribord, 2004, 69 p. Pour mieux connaître sa structuration à une époque, se référer aux deux ouvrages de SMITH S. & GLASER A., *Ces Messieurs Afrique*, tome 1 : *Paris-village du continent*, Paris, Calmann-Lévy, 1992, 235 p. et tome 2 : *Des Réseaux aux lobbies*, Paris, Calmann-Lévy, 1997, 286 p. ; et les CAHIERS DE L'EXPRESS, « Les secrets de la Françafrique », hors-série, n°17, avril-mai 2013, 74 p. La Françafrique est toujours présente aujourd'hui sous des traits différents, de nouveaux personnages ayant remplacé les « anciens » pour perpétuer une vision purement affairiste et mercantile de la politique africaine de la France.

Un discours fondateur ?

Tout ceci montre la solidité de la Françafrique, qui a du reste fait sa mue, s'est progressivement adaptée et africanisée[78]. Elle reste le roc sur lequel tous les prédécesseurs du président Macron ont buté dans leur volonté réelle ou feinte d'opérer la rupture avec certaines pratiques. De nombreux spécialistes français de la question doutent de ce que le président Macron puisse, au-delà du discours et face aux réalités du continent et de la compétition dans le monde, solder à si bon compte l'héritage gaullien sur l'Afrique[79]. Le débat et la problématique de la liquidation de l'ancien monde opéré partiellement en France risque d'être complexe voire impossible en Afrique, où l'on parle de plus en plus de « l'Africafrance » (relation dans laquelle la France demeurerait aux commandes) qui remplacerait la Françafrique[80].

---

78   La plupart des grands groupes opérant en Afrique se sont progressivement africanisés en recrutant des cadres dirigeants africains ou d'origine africaine, et en les nommant directeurs de filiales locales en Afrique (par exemple, Total, Orange, Bolloré, Air Liquide, etc.).

79   Gaulme, *op.cit.* ; Glaser, *AfricaFrance,* op.cit. Voir aussi AYISSI A.N., « Une perception africaine de la politique africaine de la France », *AFRI (Annuaire français des relations internationales)*, Bruxelles, Bruylant, vol. I, 2000, www.afri-ct.org/wp-content/uploads/2006/03/ayissi-etudes2000.pdf. Cet auteur africain revient, à coup d'exemples et d'anecdotes, sur une relation intime et incestueuse, et plaide pour que la France sorte de cette « relation particulière » pour accoucher d'une nouvelle relation France-Afrique, telle que le président Macron en rêve, fondée sur « la liberté et la responsabilité », et définissant des priorités claires.

80   BENOÎT J., « La Françafrique devient l'AfricaFrance », interview d'Antoine Glaser, *La Croix,* 04 juil. 2018, www.la-croix.com/Debats/Forum-et-debats/Francafrique-devient-lAfricafrance-2018-07-04-1200952562 ;
MIGNOT A., « De la Françafrique à l'AfricaFrance », *La Tribune,* 24 avr. 2015, www.la tribune.fr/opinions/blogs/euromed/de-la-francafrique-a-l-a fricafrance471741.html.

De plus, au-delà de la Françafrique, le président a-t-il bien pris la mesure de l'étendue des intérêts français en Afrique, du poids des Français d'Afrique qui, malgré le sentiment antifrançais grandissant, y font souche ? C'est selon les pays, mais cette donnée doit être prise en compte. Sans compter le *déclassement* de la France dans le monde et en Europe, qui pourrait la frapper, à terme, d'aphasie, n'étant plus écoutée de personne. Autant d'indicateurs qui lui seront rappelés dans la dernière phase de son quinquennat, à savoir que la France sans une véritable politique africaine, sans diplomatie africaine, sans l'Afrique, risque de se banaliser comme beaucoup de pays de l'Union européenne, qui ne nourrissent pas ou peu de rêves de puissance ou d'influence.

L'Afrique qui accueille le président Macron à Ouagadougou et à laquelle il s'adresse, au-delà des jeunes du Burkina, est déjà tournée vers les valeurs et les opportunités du 21ᵉ siècle, animée par sa prise de conscience, du moins au niveau des élites, de la nouvelle attractivité dans un contexte de mondialisation qui a créé de nouvelles opportunités et ouvert de nouveaux horizons[81]. En outre, la jeunesse africaine, regroupée dans la société civile engagée, notamment en Afrique de l'Ouest :

> Constitue le vivier des nouvelles figures de la contestation sociale, dont la grammaire, les stratégies, les modes d'organisation empruntent autant aux sources d'histoires nationales et locales

---

81   Les opportunités offertes par les nouveaux partenaires, notamment les pays émergents, ont pour contreparties les matières premières de l'Afrique. Outre les financements, comme ceux qui sont distribués par la Chine, ces opportunités sont aussi des bourses d'études universitaires ou de formation ; certains pays deviennent aussi des terres d'immigration pour les Africains, légale comme au Canada, ou illégale ; voir Smith, *op.cit.*

qu'au contexte d'un monde globalisé, de plus en plus désenclavé [...] avec une prise de conscience civique plus aiguë des populations qui se modernisent plus rapidement que les cultures politiques de leurs États respectifs[82].

Quant à l'intelligentsia africaine engagée, en particulier celle de la diaspora, semble avoir mis le cap sur l'avenir qu'on lui annonce radieux, vers sa renaissance ; elle pourrait affirmer avec Felwine Sarr que « l'Afrique n'a personne à rattraper, elle ne doit plus courir sur les sentiers qu'on lui indique, mais marcher prestement sur le chemin qu'elle se sera choisi »[83].

Cette volonté de la jeunesse africaine de reprendre son destin en mains, après des décennies de collaboration infructueuse pour son développement est de plus en plus partagée par la nouvelle génération d'intellectuels et d'universitaires résidant en Afrique et à l'étranger[84]. Cette jeunesse espère que ce qui se joue aujourd'hui

---

82 Kupper, *op.cit.*, p. 9-11.

83 SARR F., *Afrotopia*, Paris, Philippe Rey, 2016, p. 152-153.

84 Il est utile de signaler deux initiatives africaines notables : celle du Pr Jean-Emmanuel Pondi qui a, à la tête d'une équipe de 22 universitaires et intellectuels africains, a entrepris de repenser le développement à partir de l'Afrique, ce qui a résulté en l'ouvrage PONDI J.-E., dir., *Repenser le développement à partir de l'Afrique*, Yaoundé, Afrédit, 2015, 595 p. ; la seconde initiative est celle d'Achille Mbembe et Felwine Sarr, qui organisent les Ateliers de la pensée à Dakar depuis 2017, conçus comme un lieu d'échanges et de réflexions transversales et savantes sur l'Afrique (voir le site internet www.lesateliersdelapensee.com). Un ouvrage a été publié à la suite de la première édition des Ateliers : MBEMBE A. & SARR F., dir., *Écrire l'Afrique-monde*, Paris, Philippe Rey / Les Ateliers de la pensée, 2017, 396 p. Voir aussi Wonyu, *L'Afro-pessimisme, un alibi français ?*, op.cit. Tous ces ouvrages ont ceci en commun qu'ils magnifient le rôle central de

au niveau des idées et des discourspourra irriguer le corps social africain et sortir les Africains encore enfermés dans les chaînes et schèmes de la dépendance du 20ᵉ siècle pour entrer dans un monde qui bouge à vive allure (mondialisation, révolution numérique, etc.). Surtout que la société civile bouge dans certains pays en accompagnant le changement politique et social, même si la majorité des pays a encore du mal à s'adapter au minimum d'exigence et de valeurs de la démocratie et de la bonne gouvernance[85].

En somme, la France et l'Afrique sont enfin entrées dans cette relation décomplexée, prônée quelques années auparavant par le président Sarkozy dans son célèbre discours de Dakar. La différence est que, cette fois-ci, on semble se positionner au-delà du discours et du point de vue africain, car depuis près d'une décennie, l'on assiste de plus en plus en Afrique particulièrement francophone à la fin progressive du complexe du colonisé qui a eu cours durant les trente à quarante premières années de l'indépendance des États africains[86]. Si l'on parle de discours

---

la pensée et des idées africaines comme préalable fondamental pour que l'Afrique puisse cheminer vers son émergence et sa renaissance au 21ᵉ siècle. Mais combien de personnes en dehors du cercle des élites intellectuelles lisent ces productions, combien de jeunes, de leaders politiques ou économiques africains ? La connexion entre le monde intellectuel et celui de tous ceux qui aspirent au leadership, y compris politique, n'est pas encore suffisamment établie.

85   Voir Kupper, *op.cit*. Le cas est développé de plusieurs pays où la jeunesse s'engage, même politiquement.

86   Pour mieux comprendre la profondeur de ce complexe, il est urgent de se replonger dans les écrits d'Albert Memmi ou de Frantz Fanon qui, au tournant de la décolonisation, font l'autopsie de ce mal déjà profond. Voir MEMMI A., *Portrait du colonisé*, précédé du *Portrait du colonisateur*, préface

décomplexé ou de pratique politique décomplexée depuis plus d'une décennie, c'est que le constat a été fait de l'existence d'un double complexe : d'un côté, le paternalisme de celui qui se pose comme modèle et comme donneur de leçons à l'ancien colonisé ; de l'autre, la victimisation des dirigeants, des élites et des peuples africains, particulièrement dans l'ancien *pré carré*, se complaisant dans la docilité, voire la vassalité.

---

de Jean-Paul Sartre, Paris, Éditions Corréa, 1957, Éditions J.-J. Pauvert, collection « Libertés », 1966, et *L'Homme dominé*, op.cit. ; FANON F., *Peau noire, masques blancs*, 1952, rééd., Paris, Le Seuil, coll. « Points », 2001 ; *Les Damnés de la Terre*, 1961, rééd. Paris, La Découverte, 2002 ; *Pour la révolution africaine. Écrits politiques*, 1964, rééd., Paris, La Découverte, 2006. Voir aussi, POLITIQUE AFRICAINE, « Mobiliser Fanon », n°143, octobre 2016, p. 7-183 ; et MBEMBE A., *Politiques de l'inimitié*, Paris, La Découverte, 2016, 184 p. On trouve surtout, chez ces penseurs de la décolonisation symbolique et psychologique, des idées encore actuelles qui éclairent la permanence des complexes d'infériorité et de supériorité en Afrique et en France.

Chapitre 3

Un discours décomplexé pour une nouvelle relation France-Afrique ?

Chapitre 3

Un discours décomplexé pour une nouvelle relation France-Afrique ?

Parler de relation décomplexée, expression déjà entendue durant la campagne électorale du président Sarkozy en 2011-2012 et, surtout au cours des premières années de sa présidence pour qualifier sa politique africaine, suppose que les relations précédentes étaient empreintes de complexes de supériorité et d'infériorité, de part et d'autre ; avec une dose de paternalisme du côté de la France et, du côté des Africains, la victimisation et la normalisation de l'assistanat. Ceci correspond bien à l'adage africain qui veut que « la main qui donne est toujours au-dessus de celle qui reçoit », en d'autres termes, l'idée répandue dans les relations internationales que « c'est celui qui paie le joueur de flûte qui commande la musique qui doit être jouée ».

Mais ce discours sur une éventuelle relation décomplexée entre la France et l'Afrique francophone s'accompagne aussi, et de plus en plus, de pratiques politiques décomplexées. Il s'inscrit dans l'évolution naturelle des mentalités, symbolisée par l'arrivée d'une nouvelle génération d'acteurs chargée de prendre le relais en France comme en Afrique. Le président Sarkozy avait, en son temps, prononcé la *rupture* avec la Françafrique, avant de se trouver confronté à des réalités africaines plus ambiguës qu'il ne semblait l'admettre[87], face à l'impression que « tout bouge, mais presque rien ne change » vraiment dans cette relation si spéciale et finalement si troublante. Le président Macron s'est vite trouvé contraint de confronter son discours de Ouagadougou aux réalités, l'ombre de Foccart semblant planer encore au-dessus de l'Afrique et ressusciter un passé et un passif qui ne s'estompent toujours pas.

Une volonté d'imposer un nouveau style à la relation France-Afrique et de rompre avec les schèmes du passé

Tout au long de son discours délibérément adressé à la jeunesse africaine, le président Macron ne cesse d'insister sur les éléments de fond et de forme, qui fondent sa nouvelle approche de l'Afrique :

> Parce que je ne vais pas venir vous dire que nous allons faire un grand discours pour ouvrir une nouvelle page de la relation entre la France et l'Afrique. Ou je ne suis pas venu ici vous dire quelle est la politique africaine de la France comme d'aucuns le prétendent. Parce qu'il n'y a plus de politique africaine de la France ! (*Discours de Ouagadougou*)

Comme le disait Thierry Saussez, expert en marketing politique, paraphrasant l'écrivain Buffon, lors de son discours de

---

87 Pour mieux comprendre notre scepticisme, lire FOUTOYET S., *Nicolas Sarkozy et la Françafrique décomplexée*, Paris, Tibor, 2009, 153 p. ; GLASER A. & SMITH S., *Sarko en Afrique*, Paris, Plon, 2008, 212 p., enquête journalistique fouillée sur la rupture *sarkozienne* annoncée à l'épreuve des affaires africaines ; lire aussi LABARTHE G., *Sarko, l'Africain*, Paris, Hugo & Cie, 2011, 235 p. ; et Boisbouvier, *op.cit.*

Un discours décomplexé pour une nouvelle relation France-Afrique ?

réception à l'Académie française en 1753, « le style c'est l'homme »[88]. Le parcours politique d'Emmanuel Macron est assez particulier : féru de théâtre et de philosophie, passé par le moule de l'ENA (École nationale d'administration), un temps banquier d'affaires, conseiller de François Hollande, secrétaire général-adjoint de l'Élysée, puis ministre des Finances. Dans toutes les biographies qui lui sont consacrées, on rappelle avec insistance qu'il a toujours rêvé d'être président de le République[89]. Toute pièce ayant son revers, il paraît aussi prisonnier de cette trajectoire fulgurante, notamment de son expérience de financier qui lui confère cette dimension pragmatique et cette recherche du résultat, caractéristiques de son regard si distinctif sur une Afrique qu'il connaît pourtant si peu.

Le Pr Marcel Merle insistait dans son cours de « Coopération au développement » sur sa démonstration selon laquelle l'homme politique et, *a fortiori*, l'homme tout court est toujours prisonnier de sa formation et de son parcours de base. Ainsi, le général de Gaulle, l'officier supérieur, lisait le monde comme un stratège militaire ; Georges Pompidou, le normalien, qui lui succéda, contemplait le monde comme un poète, tandis que Giscard d'Estaing, le polytechnicien, résolvait les problèmes qui se

---

88 Voir son ouvrage-phare, SAUSSEZ T., *Le Style réinvente la politique : Du diktat de l'image à l'exigence de l'action*, Paris, Presses de la renaissance, 2004, 232 p.

89 PRISSETTE N., *Emmanuel Macron : En marche vers l'Élysée*, Paris, Plon, 2016, 226 p. et *Emmanuel Macron : Le président inattendu*, Paris, First éditions, 2017, 286 p. ; FULDA A., *Emmanuel Macron : Un jeune homme si parfait*, Paris, Plon, 2017, 203 p. ; DERRIEN C. & NEDELEC C., *Les Macron*, Paris, Fayard, 2017, 227 p. ; BESSON P., *Un Personnage de roman*, Paris, Julliard, 2017, 247 p. et Magnaudeix, *op.cit.*

présentaient à lui en scientifique carré ; quant à François Mitterrand, le politique professionnel, il était habité par la conviction que tout était politique[90].

Et Emmanuel Macron, philosophe et banquier, comment voit-il le monde ? En philosophe qui s'interroge et pratique la dialectique du « en même temps » ? Ou en banquier rigoureux et méthodique, en quête d'efficacité et de rendement ? Sans oublier un troisième aspect de sa personnalité : son souci d'être la personne qui fera basculer la France et ses partenaires de l'*ancien* dans le *nouveau monde*. D'où, probablement, son goût des discours fondateurs : sur l'Afrique, l'Europe, les banlieues françaises, etc.

Aussi, son portrait par le journaliste Marwane Ben Yahmed, qui le rencontra entre les deux tours de l'élection présidentielle, paraît-il encore plus pertinent :

> Le problème avec Emmanuel Macron, c'est qu'il est insaisissable. Difficile de savoir ce qu'il pense réellement. [...] Il représente donc, pour beaucoup, une énigme. [...] Sa victoire s'appuie avant tout sur son pragmatisme. Il a dit aux Français ce qu'ils voulaient entendre, s'adapte en permanence à son auditoire, sans vraiment prendre de risques[91].

Marwane Ben Yahmed poursuit sa description :

---

90   Merle, Cours « Coopération et développement », *op.cit.*

91   L'interview paraît entre les deux tours de l'élection présidentielle française (23 avril et 7 mai 2017), *Jeune Afrique*, « L'énigme Macron », op.cit., p. 23.

Un discours décomplexé pour une nouvelle relation France-Afrique ?

> Emmanuel Macron est très paradoxal : ouvert en apparence mais secret, empathique mais ne se dévoilant jamais [...]. Nous avons tous l'impression de le connaître, alors que l'essence même de sa personne nous échappe[92].

Au fond, il s'agit là d'un portrait que l'on pourrait dresser de tous les grands chefs d'État, et il n'est pas très différent de celui des autres journaux et même des hagiographies qui lui sont de plus en plus consacrées.

Toutefois, ce qui importe est de savoir comment le président Macron imprimera sa marque sur l'Afrique. Ne va-t-il pas se dédire, comme ses prédécesseurs, en s'adaptant aux réalités, en rectifiant ce qu'il se proposait de faire en et avec l'Afrique ? En affirmant d'entrée dans jeu dans le discours de Ouagadougou qu'il souhaitait un échange avec l'auditoire, « sans tabou et sans filtre », en convoquant une forme de connivence générationnelle, en appelant l'Afrique à sortir de sa posture victimaire pour regarder positivement vers l'avenir aux côtés de la France, il affirmait clairement sa volonté de conserver des liens étroits avec l'Afrique.

Dans son esprit, ces liens nouveaux sont la conséquence de l'instauration d'une relation décomplexée. Sa marque dans l'histoire serait donc d'imprimer une impulsion nouvelle à une politique africaine débarrassée des scories de la Françafrique. Pour Pierre Jacquemot, « il reste à passer de la parole aux actes[93] », d'autant que certains engagements pris lors de ce grand oral à haut risque sont chiffrés et concrets (que ce soit en matière d'aide au

---

92   *Ibid.*
93   Jacquemot, *op.cit.*

développement, de visas à délivrer ou de restitution des objets d'art africains). À la fin de son discours, il répond lui-même aux doutes et objections face à sa volonté de rupture et de rénovation de la politique africaine de la France :

> Alors marchons ensemble sur ce chemin si vous en êtes d'accord et apprenons à nous aimer, forts de notre histoire partagée et de notre devenir commun. [...] Vous ne lirez jamais chez moi des leçons pour l'autre, [...] mais vous trouverez toujours une exigence partagée parce que j'ai la volonté de réussir avec vous ; alors quoi que nous puissions en dire demain cette route comme cette destination elle est entre vos mains, parce que c'est vous qui connaissez la route. (*Discours de Ouagadougou*).

Pourtant, les doutes sont légion ne serait-ce qu'en Afrique où se développe une forme de défiance croissante vis-à-vis de la France, un sentiment anti-français prégnant et un désintérêt alimenté par des malentendus, des occasions manquées, des promesses non tenues d'une politique de coopération qui n'a pas accouché du développement et semble, paradoxalement, entraver la libération de l'ancien *pré carré*. Ainsi, la veille de son discours, certaines organisations de la société civile burkinabè avaient manifesté leur opposition à sa venue à Ouagadougou ; et, le jour même du discours, son cortège avait essuyé des jets de pierre au cours du trajet en direction de l'université Joseph Ki-Zerbo...

L'état d'esprit de ces jeunes burkinabè n'est probablement pas un cas isolé, tant le discours proposant une sorte de *new deal* à l'Afrique tout entière, porteur d'une forte charge affective et sentimentale — il parle d'amour et de cheminer ensemble — laisse perplexe. Doit-on le croire ? Faut-il le croire ? N'est-ce pas qu'un énième discours sous un vernis faussement brillant ? Ou faut-il plutôt souligner sa tonalité réaliste, car il prend en compte des réalités incontestables : les Africains ont atteint une certaine maturité et ne s'en laissent plus conter ; le continent est attractif, notamment grâce à ses ressources naturelles ; les Africains ont le regard tourné vers d'autres horizons. En bref, Emmanuel Macron prend acte du renversement de perspective en cours, qui fait passer l'Afrique du statut de continent marginalisé à celui d'acteur à part entière de la scène internationale. Ses dirigeants ne sont plus aux ordres de Paris, qui n'est plus vénéré ou craint, ni des élites, ni des peuples.

C'est dans cette logique que, un an après le discours de Ouagadougou, en novembre 2018, le Quai d'Orsay a pris l'initiative de rédiger un bilan-évaluation de la réalisation des engagements pris, dans un texte intitulé « Un an après le discours de Ouagadougou : les réalisations de notre réseau diplomatique ». Sur la forme, il s'agit d'une démarche assez novatrice : un discours ne suffit plus à convaincre ; l'orateur et l'auditoire attendent des résultats. Alors autant faire le bilan soi-même[94]. Plus récemment, en février 2019, le Directeur de la zone Afrique au Quai d'Orsay, Rémi Maréchaux, propose l'analyse suivante du discours de Ouagadougou et des enjeux de la diplomatie française en Afrique : « La France a des intérêts légitimes en Afrique qu'elle veut promouvoir dans une démarche partenariale, fondée sur la transparence et la réciprocité »[95].

---

94   Voir MINISTÈRE DE L'EUROPE ET DES AFFAIRES ÉTRANGÈRES, « Un an après le discours de Ouagadougou : les réalisations de notre réseau diplomatique », www.diplomatie.gouv.fr/fr/dossiers-pays/afrique/un-an-apres-le-discours-de-ouagadougou-les-realisations-de-notre-eseau/, nov. 2018.

95   MARÉCHAUX R., « Les enjeux de la diplomatie française en Afrique », ministère de l'Europe et des Affaires étrangères, www.diplomatie.gouv.fr/fr/dossiers-pays/afrique/les-enjeux-de-la-diplomatie-francaise-en-

Il rappelle les engagements pris vis-à-vis de la jeunesse africaine dans quatre domaines majeurs : l'éducation et la coopération universitaire ; l'innovation et le partenariat économique ; le climat et la ville durable ; la culture. Il précise qu'un suivi est assuré, des dizaines de projets ayant vu le jour dans la grande majorité des pays, certains ayant déjà abouti, sous la supervision des ambassades de France ou du réseau de coopération et d'action culturelle en Afrique.

L'exemple le plus emblématique de la nouvelle approche culturelle de l'Afrique est la restitution aux Africains des œuvres d'art détenues en France dans des collections publiques ou privées. Dès son retour de Ouagadougou, le président Macron a créé une commission sur le sujet, pilotée par le Sénégalais, Felwine Sarr, et la Française, Bénédicte Savoy, démarche intéressante aussi qui consiste à intégrer un Africain dans le processus pour le rendre plus crédible. Leur rapport a été rendu en novembre 2018[96]. Il faut ici saluer la méthode et la rapidité d'exécution, car le Bénin, qui était à la pointe de cette démarche de réclamation et s'était organisé pour accueillir les objets de son patrimoine spolié, a pu recevoir les premiers objets à la fin de l'année 2018 ; de même que le Sénégal a pu réceptionner quelques objets à l'occasion de l'inauguration de son musée des civilisations africaines de Dakar, le 27 novembre 2018[97].

Sur la question du franc CFA, poursuit Rémi Maréchaux, le sujet n'est plus tabou même si la plupart des chefs d'État africains

---

afrique/, fév. 2019.

96   Sarr & Savoy, *op.cit.*

97   Ce musée est le fruit de la coopération sino-sénégalaise.

n'ont pas encore officiellement ni sérieusement adressé le sujet. Toutefois, il est à noter que, les premiers chefs d'État africains à être intervenus sur ce sujet en février 2019, comme le président nigérien, Mahamadou Issoufou, ou son homologue ivoirien, Alassane Ouattara, étaient sur une ligne de défense du franc CFA et de maintien du *statu quo*. Sur une ligne opposée, on trouve l'appel à sortir du franc CFA lancé en 2015 par le président tchadien, Idriss Déby, ou la dénonciation du franc CFA en février 2019 par le président ghanéen, Nana Akufo-Addo, qui voit en cette monnaie un frein à la création d'une monnaie commune de la CEDEAO. Entre les deux, des intellectuels africains réunis en forum à Bamako, toujours en février 2019, plaident pour des états-généraux du franc CFA, tandis que le président de la Commission de la CEMAC, plus pragmatique peut-être, lance l'idée d'un colloque dont les conclusions seront transmises aux chefs d'État pour décision finale[98].

Certes, les questions de sécurité, de lutte contre le terrorisme, de migrations, d'urgence climatique sont communes et globales. Mais, pour marquer son intérêt renouvelé et croissant vis-à-vis d'une Afrique qui lui échappe, la France veut, d'une part, renforcer les liens culturels et sportifs et, de l'autre, faire jouer un rôle plus important aux diasporas africaines établies sur son sol[99].

---

98 *Cf.* note 37.

99 Des diasporas de plus en plus militantes sur la problématique du développement de leurs pays d'origine, notamment sur les questions de gouvernance. Ainsi, elles sont généralement assez engagées dans des marches de protestation et dans des démarches de lobbying dans leurs pays d'accueil, quoiqu'elles peinent encore à atteindre une certaine efficacité, faute d'organisation pour se poser en interlocuteurs valables de l'État français, ou même de leurs pays d'origine, en dehors de quelques pays

Chapitre 3

Le président Macron souhaite, d'ici la fin du quinquennat, lancer des actions d'envergure en faveur de l'Afrique pour asseoir l'ancrage africain de la Francedans un monde globalisé, tout en démontrant qu'elle bénéficie d'une certaine antériorité et d'une expertise réelle sur les questions africaines. C'est pour cela qu'elle lance le projet culturel, baptisé « Saison culturelle africaine en France : Africa 2020 » et piloté par l'Institut français. Là encore le président Macron innove en nommant une *Afropolitaine*, Franco-sénégalaise, N'Gone Fall, commissaire de la Saison qui a pour prestigieux parrain et marraine les deux stars internationales, Youssou N'Dour (Sénégalais) et Angélique Kidjo (Béninoise). Comme on peut le lire sur le site du Quai d'Orsay :

> Cette Saison aura pour but de faire connaître aux Français par le biais d'événements partout en France l'Afrique contemporaine et sa créativité, en mettant l'accent sur la jeunesse et les talents émergents. Elle sera également l'occasion de lancer des partenariats structurants dans tous les domaines de la création, d'encourager l'entrepreneuriat culturel, et de valoriser l'expertise africaine[100].

La France souhaite aussi fixer dans l'agenda du futur sommet France-Afrique de 2020 le thème de la « ville durable » pour tenter de faire face à la croissance démographique de l'Afrique. En effet, sa population devrait dépasser 2,5 milliards en 2050, ce qui inquiète l'Occident, tant au niveau de la gestion des futures et nombreuses mégalopoles que de la pression migratoire en Afrique

---

comme le Sénégal ou le Mali.

100 « Saison culturelle africaine en France : Africa 2020 », ministère de l'Europe et des Affaires étrangères, www.diplomatie.gouv.fr/fr/dossiers-pays/afrique/culture/saison-des-cultures-africaines-en-france-africa-2020/.

et en dehors de l'Afrique. Il faut donc prévenir et anticiper. Aussi, comme l'annonce le président Macron lui-même, la présidence française du G7 en 2019 sera pour lui l'occasion de placer l'Afrique au centre de l'agenda mondial et d'inciter les autres grands partenaires internationaux à rejoindre la France dans cette croisade d'intérêt mutuel[101].

L'angle d'attaque du président Macron sur l'Afrique semble plus motivé par des questions d'intérêt national que par un amour démesuré pour l'Afrique[102]. Toutefois, il faut lui concéder qu'il est sincèrement convaincu que les grandes problématiques mondiales (climat, migrations, etc.) ne trouveront de solutions qu'avec un *nouveau partenariat participatif* avec l'Afrique et que la France ne peut, ni ne doit être absente de cette *reconquête* de l'Afrique où d'autres partenaires ont des arguments à faire valoir, y compris au

---

101 La France assure la présidence du G7 depuis le 1er janvier 2019 et organise, à cet effet, le sommet de Biarritz du 24 au 26 août 2019. Le président Macron entend en faire « un G7 contre les inégalités » et un « G7+Africa », convaincu que « L'Afrique sera […] un partenaire privilégié des réflexions du G7 sur la paix, le climat ou l'intégration régionale. ». Voir la page spéciale dédiée à l'événement sur le site de l'Élysée : www.elysee.fr/g7.

102 Son emploi du mot « amour » et « aimer » est d'autant plus étonnant que les Africains, constamment confrontés au dur masque des intérêts et du profit sur le visage du *colon* puis du *partenaire au développement*, sans cesse rejetés par les agents consulaires revêches rejetant leurs demandes de visa au gré des politiques migratoires françaises, ne sont plus du tout dupes de ce masque amoureux. Voir Fottorino, Guillemin & Orsenna, *op.cit.*et GLASER & SMITH, *L'Afrique sans Africains*, op.cit., qui dépeignent avec beaucoup d'humour les contradictions et malentendus de la relation « amoureuse » de la France avec l'Afrique. Voir aussi SMITH S., *Voyage en postcolonie : Le nouveau monde franco-africain*, Paris, Grasset, 2010, 327 p. ; GLASER A., *Arrogant comme un Français en Afrique*, Paris, Fayard, 2016, 190 p.

sein de l'Europe. Une nouvelle ère plus complexe s'ouvre pour les Africains qui devront gérer les compatibilités, les complémentarités, les saines compétitions, les collusions et les coups bas entre ses différents partenaires, anciens et nouveaux. Y sont-ils préparés ?

Certes les questions de sécurité internationale et africaine, ainsi que de stabilité sont sous-jacentes, mais ce nouvel investissement politico économique et financier a comme finalité essentielle de fixer les Africains sur leur continent pour le transformer. Personne ne le fera à leur place après un demi-siècle de développement sans émancipation. Pour le dire autrement, il s'agit aussi et surtout de permettre à la jeunesse africaine de s'inventer un avenir sur son continent.

En affirmant fortement « qu'il n'y a plus de politique africaine de la France », le président Macron veut peut-être juste, au-delà d'un glissement sémantique s'opérant sous nos yeux, exprimer avec force son changement de cap. Notons que le Quai d'Orsay ne parle plus de « politique africaine de la France » ou de « politique de coopération », mais de « diplomatie de la France en Afrique ». Le glissement vers une normalisation longtemps attendue par certains Africains serait-il enfin advenu ?

Parallèlement, il est sérieusement envisagé de changer l'appellation du « franc CFA », initialement franc des colonies françaises d'Afrique entre 1945 et 1958, puis franc de la communauté française d'Afrique entre 1958 et les indépendances, enfin transformé en franc de la communauté financière d'Afrique pour la zone UEMOA (Union économique et monétaire ouest-africaine) et franc de la coopération financière d'Afrique centrale

Un discours décomplexé pour une nouvelle relation France-Afrique ?

pour la zone CEMAC (Communauté économique et monétaire de l'Afrique centrale). L'idée étant d'adopter une appellation moins liée à la France[103].

L'intention du président Macron serait donc de conjurer le sort des pesanteurs de l'ancienne politique africaine. Elles qui empêchent la rupture avec l'ancien monde franco-africain dont il tente, comme ses deux prédécesseurs, de se démarquer depuis l'entame de son mandat. Y parviendra-t-il ? Que fait-il des 150 000 citoyens français établis en Afrique subsaharienne, dont la plupart sont souchés sur le continent ? Que fera-t-il de la Françafrique, ce *caméléon* apparemment indestructible[104] ? Que fera-t-il des « Messieurs Afrique », tels l'emblématique Vincent Bolloré, qui ont investi des fortunes sur ce continent et qui ne l'ont jamais quitté, même quand on le disait marginalisé dans les années 1990 ? Lui qui appelle les entreprises françaises à investir encore plus en Afrique où la *malgouvernance* (corruption, démocrature, etc.) est toujours dénoncée. Pour quelle efficacité ? Lorsque l'on sait que ces pays occidentaux raisonnent toujours en gardant à l'esprit le triptyque sécurité-démocratie-développement.

---

103 Consulter le dossier de l'hebdomadaire JEUNE AFRIQUE qui pose bien les termes de la controverse, « En finir avec le franc CFA : Le grand débat », JeuneAfrique.com, 9 nov. 2016.

104 L'exemple de l'africanisation des cadres dans les filiales des grandes entreprises françaises opérant en Afrique donne effectivement l'impression que « les Blancs s'en vont », pour paraphraser le titre de l'ouvrage de Pierre MESSMER, *Les Blancs s'en vont : Récits de décolonisation*, Paris, Albin Michel, 1998, 302 p. et ils sont aussitôt remplacés par des *Afropolitains* mondialisés dont on peut se demander, parfois, quels intérêts ils servent.

Le changement de paradigme réel et perceptible du président Macron sur l'Afrique, désormais pris dans sa globalité pour passer à un nouvel espace franco-africain d'investissements et de prospérité, devra tenir compte du fait que les mentalités et les pratiques ont la peau dure sur ce continent où tout était possible durant les cinquante premières années d'indépendance[105]. Il faut rappeler que l'idée de l'Afrique comme faisant partie intégrante du domaine réservé avait fini par s'installer dans l'esprit de la France, ce qui ne l'a pas préparée à faire face à une féroce concurrence, qu'elle soit politique, économique ou sécuritaire sur le terrain africain depuis au moins une décennie. C'est peut-être aussi cela « le temps de l'Afrique » et de la relation « décomplexée », mais au détriment de la France, si rien n'est fait de nouveau.

Ainsi, devra-t-elle tenir compte — *aussi* et *en même temps* — de l'apparition d'une nouvelle génération d'Africains mondialisés qui prend le pouvoir en Afrique[106] à la recherche de meilleures opportunités là où elles se trouvent pour enfin atteindre l'émergence de l'Afrique et sa renaissance. Une génération aux yeux ouverts sur le monde, et qui ne se laisse plus distraire.

---

105 Les africanistes, les Africains du Quai d'Orsay, les Messieurs Afrique des grands groupes français, les barbouzes et tous ceux qu'on associe à la Françafrique n'ont pas dit leur dernier mot.

106 De nombreux chefs d'État d'Afrique francophone s'entourent de plus en plus de conseillers formés dans les meilleures universités et grandes écoles françaises ou internationales, ayant eu une expérience professionnelle à l'étranger, ce qui leur confère nécessairement un autre regard sur le monde actuel et sur les intérêts du continent.

L'ombre portée du « foccartisme » face à une Afrique en quête d'émergence et de renaissance

Les institutions de la Ve République mises en place par le général de Gaulle en France en 1958, ont résisté à l'épreuve du temps malgré tous les bouleversements que le monde a connus depuis la fin de la Guerre froide. Les fondamentaux de cette politique africaine, même si elle a dû modifier ses axes prioritaires[107] à certains tournants importants de l'histoire politique contemporaine, sont restés nimbés de l'ombre du concepteur de cette vision de l'Afriquequi s'est muée au fil du temps en Françafrique plus médiatisée que la politique officielle de la France[108]. Une Françafrique qui résiste à toute rupture, quelle que soit la nature de la relation décomplexée que l'on tente d'instaurer depuis la présidence de Nicolas Sarkozy. Les résistances sont multiples et diffuses. Aussi, il n'est pas interdit d'espérer que l'approche managériale et particulièrement volontariste du président actuel finira par avoir raison de cette hydre qui empêche l'Afrique de s'émanciper et de s'affranchir de ses complexes.

Mais les temps changent et, depuis la chute du mur de Berlin, la mondialisation offre de nouvelles opportunités à tous les peuples. Elle est renforcée par l'expansion du numérique qui révolutionne le regard sur le monde et sur ses réalités. Par

---

107 Aujourd'hui la priorité est à la sécurité et à la lutte contre le terrorisme, à la lutte contre l'immigration clandestine, aux questions migratoires, aux défis économiques et climatiques.

108 Pour mieux comprendre Jacques Foccart et sa politique en Afrique francophone, voir les ouvrages de Philippe Gaillard, Pierre Péan, Jean-Pierre Bat, cités en note 11.

conséquent, la puissance a changé de nature[109]. La mémoire de l'héritage colonial et néocolonial est de plus en plus diffusée et partagée par les élites africaines. Or, elle n'est pas des plus reluisantes[110].

Inversement, l'Afrique gagne en confiance en soi, de plus en plus consciente de ses potentialités et de son attractivité qui reposent sur des indicateurs fiables et incontestables, fournis du reste par ces mêmes partenaires au développement. L'abondante littérature sur la Françafrique et sur l'ombre de Jacques Foccart est là pour attester que seule une rupture nette avec ces pratiques d'un autre siècle pourrait couper le cordon avec une certaine relation France-Afrique qui a fait mal au développement de l'Afrique francophone et nuit à l'image de la France dans le reste de l'Afrique qu'elle courtise assidûment[111].

---

109 Voir Badie, *L'Impuissance de la puissance*, op.cit. et KATEB A., *Les Nouvelles Puissances mondiales : Pourquoi les BRICs changent le monde*, Paris, Ellipses, 2011, 267 p.

110 Se référer au dossier rassemblé par Radio France International (RFI) : CORREAU L., « Jacques Foccart, l'homme de l'ombre, à la lumière de ses archives », 26/03/15, www.rfi.fr/afrique/20150318-france-charles-gaulle-foccart-archives-houphouet-boigny-bat-biafra.

111 Voir les comptes-rendus faits de ces heures sombres dans la presse française : *Les Cahiers de l'Express*, op.cit. ; LE NOUVEL AFRIQUE-ASIE, « Les réseaux français du pillage de l'Afrique », n°66, mars 1996, p. 6-10 ; LE POINT, « Sarkozy, Villepin et Chirac : Le grand déballage africain, ces millions qui ont financé les campagnes électorales françaises », n°2035, 15 sept. 2011, p. 26-29 ; L'EXPRESS, « Les amis encombrants de la droite : rétro-commissions, valises de billets », n°3141, 14-20 sept. 2011, p. 22-33 ; LE MONDE, « Les secrets africains de l'affaire Elf », n°17027, 24-25 oct. 1999, p. 1, 8, 17.

Un discours décomplexé pour une nouvelle relation France-Afrique ?

Ces dernières années, les experts du développement et les partenaires internationaux sont unanimes, après de longues années d'afro-pessimisme, pour affirmer que c'est « le temps de l'Afrique »[112]. Des journaux internationaux, qui ne s'intéressaient pas habituellement à l'Afrique leur emboîtent le pas, en amplifiant au maximum ce credo devenu quasiment un nouvel évangile et mettent l'Afrique à la une[113].

Déjà, en Europe, de grandes nations voient renaître leur intérêt pour l'Afrique ; tels le Royaume-Uni, l'Allemagne, l'Italie, l'Espagne, etc.). De même on voit se rapprocher des pays du Proche et Moyen-Orient (Israël, Qatar, Arabie Saoudite, Émirats arabes unis) et d'Europe de l'Est (Russie), qui ont compris qu'ils auraient des parts de marché à saisir, aux côtés de la Chine, de la Corée du Sud et de la Turquie, concurrents traditionnels de la France sur un continent menacé dans son développement et son émergence par le terrorisme et l'instabilité politique.

C'est ainsi que le début de l'année 2019 a vu la France réagir face au rapprochement entre la Centrafrique et la Russie, ou au

---

112 Voir Wonyu, *L'Afro-pessimisme, un alibi français ?*, op.cit.

113 Voir *JEUNE AFRIQUE*, « Population : l'Afrique milliardaire », n°2550, spécial, 22-28 nov. 2009, 10 p. ; *LE POINT*, « L'Afrique n'est pas celle que vous croyez : Ses réussites, ses élites, des promesses », n°2082, 9 août 2012, 30 p. ; *JEUNE AFRIQUE*, « L'Afrique idéale : 25 projets et idées pour changer le continent », n°2692,-93, 12-25 août 2012, p. 24-41 ; *LE MAGAZINE DE L'AFRIQUE*, « Chine, États-Unis, France, l'Afrique au cœur des convoitises », n°30, janv.-fév. 2013 ; *COURRIER INTERNATIONAL*, « Afrique 3.0 », hors série sur l'Afrique, mars-avr. 2013 ; *QUESTIONS INTERNATIONALES*, « La nouvelle Afrique », n°90, spécial, mars-avr. 2018, 105 p. De véritables plaidoyers afro-optimistes pour un continent que l'on disait perdu, marginalisé et à recoloniser dans les années 1990.

voyage *secret* effectué par le président tchadien, Idriss Déby, en Israël en novembre 2018, suivi d'une visite officielle du Premier ministre israélien, Benyamin Netanyahou, au Tchad le 20 janvier 2019. Aussi, la coopération militaire a été réactivée par Paris dans ses aspects les plus secrets, pour aboutir au bombardement de troupes rebelles venues de Libye pour envahir le Tchad et, vraisemblablement renverser le président Déby ; selon les dires du ministre français de l'Europe et des Affaires étrangères, Jean-Yves Le Drian lui-même en février 2019, lors d'une audition à l'Assemblée nationale, d'ailleurs contredit par le président Déby, qui parlait plutôt de menace terroriste.

La France demeure donc — ou redevient — le gendarme de l'Afrique pour sauver l'essentiel de ses intérêts sur un continent qui semble lui échapper. C'est que l'Afrique et les Africains semblent avoir enfin pris conscience qu'il est temps de prendre leur part de responsabilité dans les « relations décomplexées » que la France appelle de ses vœux depuis les années Sarkozy. Autant la France a, depuis près d'une décennie, choisi de diversifier ses partenaires et d'élargir sa sphère d'influence au-delà du *pré carré*[114], autant les Africains encore attentistes n'appliquaient pas la réciprocité, peut-être par peur de représailles, souvenirs de l'ancien temps[115].

---

114 Un événement majeur corrobore cette nouvelle tendance : l'implication de la France dans la Francophonie lors de l'élection en octobre 2018 de l'actuelle secrétaire générale, la Rwandaise Louise Mushikiwabo, qui s'accompagne de l'accroissement significatif de son concours financier en comparaison avec le Canada ou la Belgique ; la France montre qu'elle veut utiliser l'OIF, la Francophonie politique, dans sa stratégie d'influence et de puissance.

115 Voir les cas de Sékou Touré en Guinée, de Thomas Sankara au Burkina-Faso et de Laurent Gbagbo en Côte d'Ivoire. S'exprimer sur un simple ton

Un discours décomplexé pour une nouvelle relation France-Afrique ?

Comme le disait Lionel Zinsou, afro-optimiste convaincu, en 2014 : « l'Afrique est en train de faire sa révolution »[116]. Pour sa part, le président Kagamé du Rwanda ajoute :

> Nous devons comprendre que le temps du baby-sitting est révolu et que nous ne grandirons jamais tant que nous estimerons avoir un besoin éternel de baby-sitters européens, américains, asiatiques ou autres. D'autant que ce baby-sitting implique toujours une forme profonde de paternalisme. Quand j'entends certains de vos confrères journalistes asséner leurs jugements et leurs conseils avec une autorité inversement proportionnelle à leur expertise, je m'interroge[117].

On est là en pleine relation décomplexée puisque les autres Afriques non francophones, que la France courtise depuis au moins deux décennies, n'ont pas les mêmes obligations, ni prévenances vis-à-vis de la France et de l'Occident. Pour la France, il est risqué de prendre le pari d'abandonner progressivement

---

déplaisant vis-à-vis de la France était interprété comme un crime de lèse-majesté en ce temps-là, au même titre que le fait d'adopter des politiques visant à se démarquer de la France. Sur le cas de Laurent Gbagbo, lire deux ouvrages à charge contre la France et, en particulier, le président Sarkozy, accusé d'avoir orchestré les déboires judiciaires de l'ancien président ivoirien auprès de la Cour pénale internationale de La Haye : HOUDIN B., *Gbagbo : Un homme, un destin*, Paris, Éd. Max Milo, 2019, 315 p. et GBAGBO L. & MATTEI F., *Libre : Pour la vérité et la justice*, Paris, Éd. Max Milo, 2019, 299 p.

116 ZINSOU L., « Interview », *Afrique Méditerranée Business*, n°3, nov.-déc. 2013, p. 36-41.

117 SOUDAN F., « Interview de Paul Kagame : L'Afrique n'a pas besoin de baby-sitters », *Jeune Afrique*, n°2996, 10-16 juin 2018, p. 20-27, mis en ligne le 19 juin 2018, www.jeuneafrique.com/mag/575878/politique/paul-kagame-lafri que- na-pas-besoin-de-baby-sitters/.

certains pays moins avancés (PMA) du *pré-carré*, qui ne font pas partie de « l'Afrique utile », car les *nouveaux amis* africains de la France ne la regardent que comme un partenaire de plus et elle doit, pour les séduire durablement, renforcer sa diplomatie économique et commerciale dans ces pays, et faire beaucoup plus d'efforts que dans les pays *conquis* de l'ex-*pré carré*. Le dilemme est entier !

Pour Gilles Andréani, l'Afrique est, comme la qualifie le pape François et l'actuel secrétaire général de l'ONU, António Guterres, « le continent de l'espoir »[118] : croissance retrouvée après des années d'ajustement, diminution du pourcentage de la population vivant en-dessous du seuil de pauvreté, dynamique démographique qui soutient la croissance, perspectives de l'exploitation accrue des ressources renouvelables du continent, progression spectaculaire de la diffusion des nouvelles technologies de l'information, régression des conflits et progrès de la démocratie. À ces facteurs, on peut ajouter « une jeunesse éduquée et moins disposée à accepter les manipulations électorales et les restaurations autoritaires »[119] ; la naissance de l'opinion publique dans beaucoup de pays et d'une société civile conquérante et responsable.

Moins enthousiaste, Alain Dubresson pose la question fondamentale de ce nouvel intérêt pour l'Afrique :

---

118 Andréani, *op.cit.*, p. 4-5. Ses propos ont été tenus par le Pape lors d'une visite à Bangui (Centrafrique) en 2015, et par António Guterres dans un discours au 28ᵉ sommet de l'Union africaine à Addis-Abeba en 2017.

119 *Ibid.*

Un discours décomplexé pour une nouvelle relation France-Afrique ?

> L'actuel moment africain dans la mondialisation pose une question centrale : une bifurcation permettant de sortir de la dépendance extravertie, des systèmes rentiers et du mal-développement est-elle réellement engagée ?[120]

On peut en douter car la question de l'endettement de l'Afrique, de sa dépendance vis-à-vis de l'extérieur pèse lourd sur son émancipation. Après le cycle d'endettement auprès des partenaires occidentaux, dont seul le service de la dette est remboursé actuellement, les pays africains ont continué à s'endetter sans conditionnalités connues auprès de pays asiatiques comme la Chine, sans précisions claires sur les modalités de remboursement ou sur les taux d'intérêt. Cette dépendance financière supplémentaire est généralement justifiée, du côté des États africains, par la nécessité de financer les politiques d'émergence. Par conséquent, si on les ajoute aux défis sécuritaires, les fragilités financières risquent d'obérer les possibilités d'atteindre les échéances de l'émergence, en particulier pour ceux qui avaient fixé l'horizon à 2025 ou même 2035.

Ce tableau préoccupant est assombri par l'absence d'unité africaine. Pour des auteurs comme Edem Kodjo, le cap doit être mis sur le panafricanisme et la renaissance de l'Afrique qui sont étroitement liés[121]. Cette vision panafricaine du développement et de la renaissance est une vieille croyance chez cet auteur, depuis la parution en 1985 de son ouvrage-phare,...*Et demain l'Afrique*[122].

---

120 Dubresson, *op.cit.,* p. 32-43.

121 Voir ses deux derniers ouvrages : Kodjo, *Renaissance africaine*, op.cit., et *Lettre ouverte à l'Afrique cinquantenaire*, Paris, Gallimard, 2010, 88 p.

122 KODJO E, ... *et demain l'Afrique*, Paris, Stock, 1985, 366 p.

Dans un monde globalisé et formé de grands ensembles en compétition pour le leadership mondial, l'Afrique ne peut avoir de place de choix que si elle est forte, unie, rassemblée et conquérante. La transformation de l'Organisation de l'unité africaine (OUA) en Union africaine, sur laquelle de nombreux espoirs étaient pourtant fondés, n'a pas encore résolu cette équation[123].

Si l'unité et le panafricanisme existaient vraiment en Afrique, des offres comme celle de la France à Ouagadougou seraient traitées dans un cadre continental, de même que les propositions de la Chine, du Japon ou de la Corée du Sud, etc., qui continuent à traiter avec l'Afrique dans un cadre bilatéral, celui d'une Afrique balkanisée et donc faible. Ce qui leur donne un éternel avantage pour maximiser leurs propres intérêts puisque les échanges partenariaux bilatéraux demeurent inégaux.

Par conséquent, en 2019, « le temps de l'Afrique » est plutôt, à l'analyse, *le temps des Afriques*, celui des États qui s'organisent et créent des cadres individuels pour leur insertion dans la mondialisation. Il s'agit du temps de pays modèles, les bons élèves des partenaires internationaux, qui se recrutent surtout dans les pays anglophones comme le Ghana, le Kenya, l'Afrique du Sud,

---

123 Il faut néanmoins saluer les réformes engagées depuis quelques années au sein de l'Union africaine et regroupées sous le vocable « Agenda 2063 » ; l'une de ses réalisations les plus notables est la signature de l'Accord portant création la zone de libre échange continentale (ZLEC) en novembre 2018 par 49 États sur 54 (15 l'ont ratifié à fin décembre 2018). Cependant les égoïsmes nationaux continuent encore de prendre le pas et l'organisation continentale ne parvient pas encore à peser sur l'agenda international, d'autant plus qu'elle dépend de l'aide extérieure pour financer ses activités.

Un discours décomplexé pour une nouvelle relation France-Afrique ?

le Botswana… Ce n'est pas le *temps de toute l'Afrique*. Comme le note Ahmedou Ould Abdallah :

> À l'extérieur l'Afrique est vue comme une nouvelle frontière : les ressources disponibles existent, il faut les prendre avant que d'autres ne le fassent [...] et ne pas oublier qu'en 2050 l'Afrique sera un marché de 2 milliards d'habitants[124].

D'où les appétits de pays comme l'Inde, la Chine, le Brésil, la Turquie et la Corée du Sud dans un contexte mondial où les puissances sont prioritairement à la recherche de ressources naturelles, de marchés et de positionnement géostratégique, et non un quelconque développement de l'Afrique.

Ainsi, ce détour par l'état des lieux de l'Afrique noire permet de mesurer le volontarisme et la vision affichée d'un rêve commun partagé par la France et l'Afrique appréhendée dans son entièreté, tels qu'ils transparaissent dans le discours du président Macron à Ouagadougou, son investissement personnel pour la réussite du G5 Sahel, ainsi que dans les promesses faites et tenues en Afrique. En réalité, Emmanuel Macron se trouve face à deux obstacles potentiellement insurmontables : la « crise d'amour » entre la France et l'Afrique, et *en même temps* la compétition opposée par un monde globalisé et ouvert. La France est-elle préparée à affronter ces nouveaux défis ? L'avenir nous le dira dans un contexte où l'Afrique a plus besoin d'investissements, de transferts

---

124 OULD ABDALLAH, « Interview », LE POINT, n°2082, dossier spécial « L'Afrique n'est pas celle que vous croyez », 9 août 2012, p. 40. Il est fondateur et président du Centre pour la Stratégie et la Sécurité dans le Sahel Sahara (Centre4s), basé à Nouakchott, et ancien représentant spécial des Nations unies en Afrique (Burundi, Afrique de l'Ouest, Somalie).

de technologies, de savoir-faire et d'accompagnement que d'aide, de paternalisme ou de prédation sur ses richesses naturelles. Les pays africains ont aussi besoin d'instaurer plus de justice sociale ; de lutter plus activement contre la corruption qui creuse les inégalités et fait fuir les investisseurs ; de mettre en place un cadre plus attrayant du vivre-ensemble à l'intérieur des États et sur le continent, seul à même de retenir sa jeunesse tentée de se ruer vers l'Europe.

Peut-être devons-nous comprendre que la renaissance passe aussi par un travail de réappropriation de sa mémoire, de sa fierté d'être africain et de l'assumer. Il s'agit d'un devoir qui ne s'accomplira que si de véritables passerelles sont établies avec les diasporas africaines. L'émergence et la renaissance ne résulteront pas d'une coopération aveugle, voire sentimentale, mais du bon choix des partenaires parmi les offres multiformes faites à l'Afrique dans un monde interdépendant et globalisé. Sans cela, ce « temps de l'Afrique » — dont on lui rebat les oreilles aujourd'hui et dont de nombreux chefs d'État n'ont pas encore pris la mesure de ce qu'il implique comme sens du patriotisme, comme responsabilité et comme engagement — sera un autre rendez-vous manqué, comme les indépendances ou la démocratisation, et le rêve avorté d'une Afrique conquérante, détenant elle-même les leviers de sa puissance.

Comme le disait Joseph Ki-Zerbo dans son ouvrage éponyme, l'Afrique a assez bâti « sur la natte des autres » ; il est peut-être temps de penser son émergence et sa renaissance par la valorisation des modèles de réussite africaine et, pourquoi pas, dans un *soft power* africain, puisque l'économique, l'industriel et le financier sont encore très dépendants des apports extérieurs. En

Un discours décomplexé pour une nouvelle relation France-Afrique ?

somme l'afro-optimisme précède l'afro-renaissance et le *soft power* sera peut-être la clé de sa réussite[125]. Le président Macron, en homme de son temps, a bien perçu la dimension de la culture, et du sport dans la visibilité des États.

Tout en acceptant sa main tendue, l'Afrique devrait donc aussi se fonder sur le bouillonnement culturel et artistique auquel on assiste en ce moment sur le continent et dans la diaspora. Il constitue un atout non négligeable, s'il est organisé, promu et financé, et s'il fait l'objet d'une attention particulière des États et de l'Union africaine, notamment sous forme de crédits. Grâce à ces actions, l'Afrique pourra atteindre plus vite une visibilité internationale durable, à l'instar de pays émergents comme le Brésil[126].

---

125 L'Afrique devrait valoriser les *success-stories* de ses ressortissants pour en faire des modèles de réussite à offrir en exemples à une jeunesse sans repères et en quête de sens ; certaines personnalités ne manquent pas d'inciter les jeunes à croire en l'avenir du continent, qu'il s'agisse d'hommes d'affaires, d'artistes, d'écrivains, d'anciens hommes d'État à la tête de fondations, ou bien d'autres.

126 Voir un bel article à ce sujet, « Le soft power africain », *Le Point*, n°2082, op.cit. ; y sont convoqués des musiciens, écrivains, plasticiens et autres artistes de renommée internationale encore peu reconnus dans leurs pays d'origine. La saison Africa 2020 voulue par le président Macron permettra peut-être de montrer à la face du monde la créativité des artistes africains, issus du continent ou de sa diaspora. Sur le Brésil, voir GERVAISE Y., *Géopolitique du Brésil : Les chemins de la puissance*, Paris, PUF, 2012, 176 p.

Conclusion

Conclusion

Conclusion

Le discours du président Macron à Ouagadougou est, à n'en point douter, un moment essentiel de sa présidence. Il se présente comme une sorte de discours inaugural, potentiellement fondateur, sous réserve — puisque son mandat n'est pas encore terminé et que les événements se bousculent en Afrique, en France et dans le monde — qu'il le modifie profondément dans l'avenir, notamment lors de sa prise de parole au prochain sommet France-Afrique prévu en 2020. Quoiqu'il advienne, le discours de Ouagadougou nécessite que l'on s'y intéresse. Il permet de fonder notre analyse de la nouvelle relation que le président français entend mettre en pratique.

En cela il est un discours de référence à partir duquel il sera possible d'évaluer valablement son action, ses premiers pas en Afrique et sa volonté de bâtir une relation décomplexée, dans le but de s'affranchir d'une politique africaine souvent assimilée à la Françafrique, sans visibilité ni ambition, alors que des pays comme la Chine se sont introduits durablement sur le continent et y déploient des actions visibles en construisant des infrastructures impressionnantes et grandioses. Il s'agit de stades, de palais des sports et des congrès, d'hôpitaux, de musées et autres sièges d'institutions comme le siège de l'Union africaine à Addis-Abeba ou de parlements nationaux, souvent sous forme de dons. Elles fleurissent dans presque tous les pays, inaugurés à grand renfort de publicité et arborant fièrement le drapeau chinois flottant au vent.

Après des années de regards narquois et condescendants, la France s'est, elle aussi, lancée, par le biais du programme C2D (contrat désendettement-développement) dans des grands programmes structurants et visibles où elle est associée à plusieurs partenaires. C'est peut-être ce type de projets à partenaires multiples qui permettra à l'Afrique de sortir de la dépendance vis-à-vis d'un seul acteur international et, donc, réduira les ingérences. Après une longue période d'afro-pessimisme, le monde semble découvrir l'Afrique qui serait promise à une belle croissance et à une renaissance certaine. Mais qui pour l'accompagner ? La France, encore et toujours ? Les nouveaux partenaires, en particulier les pays émergents, qui ont beaucoup à apprendre à l'Afrique sur comment emprunter le chemin de la croissance malgré la domination du monde par l'Occident ?

Certes le discours macronien sur l'Afrique semble faire de tout le continent noir une priorité, comme nous l'avons démontré tout au long de notre analyse. Mais, *en même temps*, il ne peut ignorer que l'Afrique dont il est venu à la rencontre est en pleine mutation ; elle a changé. Son cap sur l'émergence et la renaissance lui a ouvert d'autres horizons, mis sur sa route des partenaires nouveaux, qui proposent du concret et du visible, la plupart du temps sans aucune conditionnalité connue[127].

---

127 Lire, à ce sujet, BOURGES H., *L'Afrique n'attend pas*, Paris, Actes Sud, 2010, 183 p., véritable plaidoyer pour un autre possible pour l'Afrique, de la part

Un an après le discours de Ouagadougou, une première évaluation montre que certaines promesses ont été tenues, mais il apparaît que ce discours peut-être perçu comme la manifestation d'une angoisse face au *déclassement* de la France dans son *pré carré* au profit, progressivement, de nouveaux partenaires. Certes la France reste présente par le biais de la culture, de l'économie et de la sécurité. Au moment même où l'*AfricaFrance* semble remplacer la Françafrique, consacrant la vision de cette relation enfin décomplexée des deux côtés. L'Afrique aborde cette relation nouvelle avec sérénité, surtout du fait du contexte ouvert et de sa nouvelle attractivité. Ainsi certains chefs d'État peuvent saisir l'occasion de s'émanciper réellement de la tutelle et des éventuelles ingérences de la France[128].

Enfin, la tentative française de *lâcher* le *pré carré* pour de nouvelles aventures africaines au profit de « l'Afrique utile »[129], se heurte d'une part, au retour sur le continent de pays européens, comme l'Allemagne le Royaume-Uni ou l'Italie, dans une Europe encline au repli national, et, d'autre part, laisse la latitude à l'ancien *pré carré*, côté africain, de diversifier ses partenaire, y compris dans des domaines sensibles comme la sécurité ou la politique.

---

de quelqu'un qui se présente lui-même comme un ami ; et LÉRIDON M., *L'Afrique va bien : 10 chapitres à l'usage de ceux qui disent que l'Afrique ne s'en sortira jamais*, Préface de Frederik de Klerk, prix Nobel de la paix en 1993 avec Nelson Mandela, Paris, Nouveaux débats publics, 2010, 203 p.

128 Il va ainsi du président camerounais, Paul Biya, répondant malicieusement aux médias internationaux, en conférence de presse, debout à côté du président Hollande, « ne dure pas au pouvoir qui veut, mais dure qui peut » (2015) ; des nouvelles relations entre la République centrafricaine et la Russie ; de la passe d'armes entre la France et la République démocratique du Congo à l'occasion des récentes élections présidentielles de fin 2018, etc.

129 Kenya, Nigeria, Angola, Ghana, Afrique du Sud, Rwanda, Éthiopie.

Conclusion

La France d'Emmanuel Macron semble donc à la croisée des chemins. Soit elle revient aux fondamentaux de la doxa gaullienne pratiquée par ses deux derniers prédécesseurs qui prônaient pourtant la rupture ; soit elle renonce à son rêve de puissance et d'influence en méditant sur la fameuse formule du président Omar Bongo du Gabon, pilier de la relation France-Afrique, répondant au journal français *Libération* alors qu'il était mis en cause dans l'affaire Elf (1996) : « L'Afrique sans la France, c'est une voiture sans chauffeur. La France sans l'Afrique, c'est une voiture sans carburant. » Ou celle du président français, François Mitterrand, dans son discours-testament de Biarritz en 1994, « Sans l'Afrique la France n'aura pas d'histoire au 21ᵉ siècle[130] ». La continuité risque fort de l'emporter, une fois de plus, sur le changement, malgré la volonté toute macronienne d'élargir la perspective et couvrir toute l'Afrique.

Mais, tout compte fait, l'énergie déployée par le président Macron pour implémenter cette nouvelle vision de l'Afrique — qui lui tient à cœur — peut laisser penser qu'il est peut-être, enfin, ce président français capable, en ami sincère du continent, d'accompagner l'Afrique vers la modernité politique, tout en liquidant l'héritage africain du gaullisme et, son double infernal, la Françafrique. Pourra-t-il éviter l'étiquette de *Macron l'Africain*, ou bien fera-t-il comme ses prédécesseurs, qui ont tenté en vain s'en

---

130 François Mitterrand avait écrit cette phrase, alors qu'il était ministre de la Justice en 1957, dans un livre intitulé *Présence française et abandon* (Paris, Plon, 1957 ; l'ouvrage a été réédité en 2016 dans le cadre de l'anniversaire du Centenaire de François Mitterrand dans Mitterrand F., *Œuvres*, Tome I, Paris, Les Belles Lettres, 2016, 672 p.) ; il leur donne un nouveau sens au crépuscule de sa vie politique, à quelques mois de son départ de la présidence en 1995.

Conclusion

démarquer pour mieux replonger quelques mois après dans la « politique africaine » ? En définitive, le volontarisme qu'il affiche pour construire et asseoir les autres paris de son action en France ou à l'étranger laisse penser que la nouvelle diplomatie de la France en Afrique — s'il continue de la piloter lui-même — a de fortes chances de faire réussir son pari africain et de faire entrer l'Afrique dans une nouvelle dimension. Sous réserve que les autres partenaires au développement l'accompagnent et que les Africains, en particulier la jeunesse africaine, s'impliquent eux aussi en faisant entendre leur voix.

Annexe

Annexe

Discours du Président de la République, Emmanuel Macron, à l'université Ouaga I, professeur Joseph Ki-Zerbo, à Ouagadougou

Publié le 29 novembre 2017 sur le site de la présidence de la République française : http://www.elysee.fr/declarations/article/discours-du-president-de-la-republique-emmanuel-macron-a-l-universite-ouaga-i-professeur-joseph-ki-zerbo-a-ouagadougou/

SEUL LE PRONONCÉ FAIT FOI

Monsieur le Président ;

Mesdames, Messieurs les Ministres ;

Monsieur le président de l'université Ouaga I ;

Mesdames, Messieurs les Députés ;

Mesdames, Messieurs.

Je voudrais tout d'abord exprimer ma profonde reconnaissance au président KABORE et à Monsieur le président de l'université et à vous tous, mesdames, messieurs, de m'accueillir ici dans votre pays, dans votre région et dans ce lieu où votre présence et vos visages me donnent une vision pleine de promesses d'avenir et qui se construit ici. Merci, Monsieur le président, de l'accueil qui nous est réservé depuis hier soir dans votre pays, de cette journée que nous allons passer ensemble et de m'avoir permis de

Annexe

m'adresser à vous dans ce cadre.

Je suis également reconnaissant à chacun d'entre vous d'avoir suspendu pour quelques heures la tâche la plus précieuse au monde : la construction de l'avenir que vous osez inventer selon la belle formule d'un de vos compatriotes. « Cet avenir que vous osez inventer », vous l'avez reconnue, c'est une formule de Thomas SANKARA à qui je souhaite solennellement rendre hommage.

Alors on m'a dit, ici c'est un amphithéâtre marxiste et panafricain. Donc je me suis dit : « C'est peut-être l'endroit où je dois aller pour m'exprimer. »

Parce que je ne vais pas venir vous dire que nous allons faire un grand discours pour ouvrir une nouvelle page de la relation entre la France et l'Afrique. Ou je ne suis pas venu ici vous dire quelle est la politique africaine de la France comme d'aucuns le prétendent. Parce qu'il n'y a plus de politique africaine de la France !

Il y a une politique que nous pouvons conduire, il y a des amis, il y a des gens avec qui on est d'accord, d'autres non. Mais il y a surtout un continent que nous devons regarder en face. Alors, il n'est jamais aisé, compte tenu de notre histoire partagée pour un président français de venir parler comme cela de l'Afrique, et je n'aurais pas la prétention ici d'exprimer la complexité et la diversité d'un continent de 54 pays. D'abord parce que ça a quelque chose de terriblement arrogant d'essayer d'expliquer en quelque sorte qu'il y aurait une unité absolue, une homogénéité complète ; 54 pays, avec autant d'histoire, avec plus encore d'ethnies et de langues, avec des relations qui ne sont pas les mêmes à l'égard de la France et un passé de traumatismes bien souvent différents.

Néanmoins, si je ne veux pas m'improviser historien, tout particulièrement dans l'université qui a pris le nom d'un des plus grands historiens du continent, je veux m'exprimer ici au pays des hommes intègres parce que je sais qu'on ne parle pas qu'au Burkina Faso, ni même uniquement à l'Afrique de l'Ouest, ni même uniquement en Afrique francophone ; parce que ces barrières qu'on a longtemps mises dans nos représentations, dans nos lectures politiques, dans nos analyses, ce ne sont plus les barrières de l'Afrique d'aujourd'hui, de la vôtre.

Ces barrières entre une Afrique francophone ou une Afrique anglophone, entre une Afrique du Nord et une Afrique subsaharienne, entre une Afrique francophone et lusophone aussi, toutes ces barrières-là sont artificielles, elles ne viennent que plaquer en quelque sorte un passé qui doit passer, des représentations qui ont été, des constructions qui doivent évoluer.

Je parlerai donc ici devant vous de l'Afrique comme d'un continent pluriel, multiple, fort, et comme d'un continent où se joue une partie de notre avenir commun.

Je vous parlerai avec sincérité mais aussi avec une profonde amitié. Je suis comme vous d'une génération qui n'a jamais connu l'Afrique comme un continent colonisé.

Annexe

Je suis d'une génération dont l'un des plus beaux souvenirs politiques est la victoire de Nelson MANDELA et son combat contre l'apartheid, chassé par une solidarité panafricaine allant de l'Alger à Rabat, de Luanda à Conakry. C'est cela l'histoire de notre génération.

Aussi je me refuse à toujours revenir sur les mêmes représentations d'hier. Il y a eu des combats, il y a eu des fautes et des crimes, il y a eu des grandes choses et des histoires heureuses. Mais j'ai une conviction profonde, notre responsabilité n'est pas de nous y enfermer, notre responsabilité n'est pas de rester dans ce passé et de vivre l'aventure pleine et entière de cette génération.

Je suis d'une génération de Français pour qui les crimes de la colonisation européenne sont incontestables et font partie de notre histoire. Je me reconnais dans les voix d'Albert LONDRES et d'André GIDE, qui ont dénoncé les milliers de morts du chemin de fer du Congo, et je n'oublie pas que ces voix alors ont été minoritaires en France comme en Europe.

Je suis aussi d'une génération qui a été impressionnée par la détermination de la jeunesse burkinabè à défendre à deux reprises et parfois au prix de sa vie les acquis de la démocratie et de l'État de droit.

Je suis d'une génération où on ne vient pas dire à l'Afrique ce qu'elle doit faire, quelles sont les règles de l'État de droit, mais où partout on encouragera celles et ceux qui en Afrique veulent prendre leurs responsabilités, veulent faire souffler le vent de la liberté et de l'émancipation comme vous l'avez fait ici.

Et je suis d'une génération qui observe que, partout sur le continent africain, la jeunesse africaine réclame avec impatience de participer à la construction du destin de son pays et de la mondialisation. Je suis d'une génération de Français pour qui l'Afrique n'est ni un encombrant passé, ni un voisin parmi d'autres. La France entretient avec l'Afrique un lien historique indéfectible, pétri de souffrances, de déchirements, mais aussi si souvent de fraternité et d'entraide. L'Afrique est gravée dans la mémoire française, dans la culture, dans l'histoire, dans l'identité de la France et c'est là une force et une fierté que je veux cultiver, que je veux porter comme un atout de la France, pour la France et pour l'Afrique dans notre rapport au monde.

Je constate qu'il y a un incident technique. Je voudrais juste m'assurer qu'il n'y a pas de troubles qui vont au-delà. Tout va bien ? Que celui qui a pris les étincelles le dise au lieu de se tenir dignement. (Coupure de son)

Nous sommes une génération dont les destins sont mêlés, qu'on le veuille ou non, parce que nous avons cette Histoire commune, mais parce que nos parents, nos frères, parfois nos enfants ont fait ce choix d'enjamber les continents et les mers. Et je suis, comme vous, d'une génération convaincue que les diasporas africaines de France sont aussi au cœur de notre ouverture du monde. Et je suis aussi convaincu, comme nombre d'entre vous dans cette salle, que nous ne pouvons simplement nous regarder comme

Annexe

étant à des milliers et des milliers de kilomètres, mais comme étant aussi souvent de sang, d'Histoire et de destins mêlés.

J'entends souvent dire que la force de l'Afrique, c'est sa jeunesse. Quand je vois les chiffres, qu'il s'agisse du Faso comme de toute la région, il est difficile de dire le contraire. Mais permettez-moi de dire que la force de la France, surtout en Europe aujourd'hui, c'est aussi sa jeunesse. Et sa jeunesse, elle est en partie issue de cette Histoire commune. Sa jeunesse, pour partie, elle regarde aussi l'Afrique. Elle nous écoute quand nous parlons d'Afrique parce que nous lui parlons à elle-même. La jeunesse française est aussi pour partie une jeunesse sénégalaise, ivoirienne, guinéenne, burkinabé, nigérienne, malienne ; elle est aussi tout cela. Et donc lorsque je vous parle de vous, je vous parle aussi de moi.

Enfin, je suis d'une génération profondément européenne. D'une génération qui est fortement attachée à son pays mais aussi à ce qu'il peut construire avec les autres. J'en tire la conviction intime que ce n'est pas simplement un dialogue franco-africain que nous devons reconstruire ensemble, mais bien un projet entre nos deux continents, mais bien une relation nouvelle, repensée à la bonne échelle, où l'Union européenne saura parler et construire avec l'Union africaine et avec l'Afrique tout entière. C'est bien à cette échelle que les choses aujourd'hui se jouent.

C'est pour toutes ces raisons que j'ai tenu à être devant vous aujourd'hui, ici au Burkina Faso, et dans ce lieu. Un lieu où on ne peut pas tricher, un lieu qui résume les deux visages de l'Afrique : celui de ses formidables opportunités mais aussi celui de ses difficultés, des épreuves, du combat quotidien que chacun d'entre vous mène avec courage pour forger son propre destin. Je ne serai pas du côté de ceux qui voient dans l'Afrique le continent des crises et de la misère, mais je ne serai pas non plus du côté de ceux qui vantent une Afrique enchantée, une Afrique soudainement parée de toutes les vertus et érigée en modèle.

Je ne serai pas de ceux qui se voilent la face et ignorent la difficulté de votre quotidien. De ceux qui ignorent les grèves, les années blanches, les difficultés d'accéder à des manuels, à une bourse, parfois tout bonnement à une vie simple et heureuse. Je serai du côté de ceux qui portent un regard lucide. Ceux qui considèrent que l'Afrique n'est ni un continent perdu, ni un continent sauvé. Je considère que l'Afrique est tout simplement le continent central, global, incontournable car c'est ici que se télescopent tous les défis contemporains.

C'est en Afrique que se jouera une partie du basculement du monde. Si nous échouons à relever ces défis ensemble, alors l'Afrique tombera dans l'obscurité, c'est possible. Elle régressera, elle reculera. Mais avec elle, l'Europe aura les mêmes difficultés, parce que s'ouvrira une longue période de migration, de misère, des routes de la nécessité et de la douleur plus encore qu'aujourd'hui.

Mais si nous parvenons à relever ensemble ces défis, si nous sommes à la hauteur de ce grand moment de bascule que nous sommes en train de vivre, alors ici se jouera une partie de la croissance du monde. Alors ici, cette jeunesse sera une jeunesse de réussite et de conquête parce qu'il y a tout à conquérir. Alors ce sera une ère de développement, de croissance et d'opportunités nouvelles pour les Africains comme pour toutes celles et ceux qui voudront à leurs côtés mener cette aventure.

Ce grand moment de bascule, c'est celui où, en Afrique, nous devons justement relever tous les défis. Le terrorisme qui a frappé deux fois notre capitale mais qui chaque jour, de manière insidieuse, bouscule les équilibres et la stabilité du pays. Le changement climatique qui ravage le Sahel plus que tout autre région dans le monde, qui, au lac Tchad, dans toute la bande sahélo-saharienne, bascule des populations entières, plonge dans la pauvreté la plus complète des femmes et des hommes qui vivaient de l'agriculture, de la vente du poisson ou de routes commerciales qui vivaient depuis des siècles et des siècles.

La démographie, avec 450 millions de jeunes à insérer sur le marché du travail en Afrique d'ici 2050 ; l'urbanisation puisque l'Afrique sera dans quelques années le continent des mégalopoles ; et enfin la démocratie, combat que vous avez ici mené et gagné, et qui reste le combat d'une grande partie de la jeunesse africaine. Surtout, vous connaissez ce qu'aucun autre continent n'a connu, ce qu'aucune autre génération n'a connu : le cumul en même temps de tous ces défis.

Votre génération a une responsabilité immense, celle de devoir le plus rapidement possible relever ces défis tous ensemble. Vous ne pouvez pas simplement gagner le défi du changement climatique en oubliant les autres, vous ne pouvez pas simplement gagner la bataille contre le terrorisme si, dans le même temps, vous ne gagnez pas celui du développement économique et de la stabilité. C'est tout en se (coupure de son)… beaucoup d'autres ont échoué, là où beaucoup d'autres se sont dit : « Ce combat n'est pas pour nous. Nous pouvons en faire l'économie », là où beaucoup d'autres s'étaient habitués.

Si je suis venu m'adresser à vous, c'est que beaucoup de choses résident en vous. Je vous en dois quelques-unes. Vos gouvernants vous en doivent aussi beaucoup, mais c'est en vous que réside une partie de la solution. Dans votre volonté de prendre ce chemin, dans votre force de caractère et votre détermination à réussir ce temps de bascule, dans notre capacité ensemble à relever ce défi. La solution ne viendra pas de l'extérieur, mais elle ne viendra pas non plus du statu quo ou des vieilles habitudes.

Je veux être à vos côtés. Celui qui aidera l'Europe à saisir cette chance, celle d'écouter la jeunesse africaine, d'en tirer le meilleur et de mettre son potentiel au profit de l'ensemble du monde. Et cela commence en venant devant vous, à votre écoute, à l'écoute de toutes les voix. J'irai écouter la jeunesse partout où elle se trouve, partout où elle s'exprime. Cet après-midi ensemble dans une école, demain en Côte d'Ivoire puis après-demain au Ghana sur des terrains de football. J'irai partout écouter ce qui s'exprime, ce qui se dit, ce qui se veut. Mais d'autres m'aideront aussi pour entendre votre message et j'ai tenu à ce qu'ils soient présents à mes côtés aujourd'hui.

Annexe

Ce sont les membres du Conseil présidentiel pour l'Afrique. Pour l'Afrique car ils seront un lien permanent avec vous comme le sont les organisations, que je n'oublie pas, qui œuvrent au quotidien sur le terrain aux côtés des populations. Et présidentiel car votre voix me sera restituée sans filtre, sans intermédiaire, sans concession. C'est ce qu'ils ont commencé à faire il y a quelques jours, lorsque nous avons préparé ensemble ce déplacement.

Ce sont des jeunes femmes et des jeunes hommes qui ont accepté de prendre sur leur temps pour venir être, en quelque sorte, vos porte-voix, pour venir à la rencontre, pour venir écouter, partager leur expérience. Non pas me dire ce qu'il faudrait me dire ou ce qu'on dit à un président de la République depuis parfois bien longtemps. Non ! Me dire ce qui se dit, ce qui se ressent, ce qui se veut, ce qui est attendu, ce qui est nécessaire. C'est ce qu'ils continueront de faire en veillant au respect des engagements pris devant vous.

Parce que je suis venu pour prendre des engagements et j'en ai déjà pris. J'ai pris l'engagement d'avoir une France au rendez-vous du défi de développement. Beaucoup de ce que je viens de rappeler et de ce que je vais dans un instant détailler ne serait pas possible si la France n'était pas à la hauteur de ce défi et ne décidait pas d'être à la hauteur en terme d'aide publique au développement. Je sais que c'est très attendu. Aussi ai-je pris l'engagement, dès le début de mon mandat, d'atteindre à la fin de celui-ci les 0,55 % du revenu national brut en terme d'aide publique au développement. C'est un engagement ferme, il est exigeant.

Il est exigeant. Il supposera des efforts, nous les ferons. Parce que ces efforts, c'est la contribution française à la réussite de tout un continent, de nombreux pays, parce que c'est une part de notre réussite aussi. Et donc, dans les prochains mois, une stratégie sera détaillée, préparée par le ministre de l'Europe et des Affaires étrangères, qui année après année, expliquera très précisément comment nous y parviendront avec des engagements financés et avec des financements à la clef.

Mais je ne veux pour autant pas que nous nous arrêtions aux chiffres. L'aide publique au développement, nous savons parfois ce que ça peut dire, ce que cela a pu dire. Un argent qui va trop peu sur le terrain, trop peu justement aux jeunes ou ceux qui en ont le plus besoin. Et donc, cette philosophie qui a été changée il y a plusieurs années en France sous l'autorité de Jean-Michel SEVERINO, dont je salue ici la présence, et qui est aujourd'hui portée à la tête de l'AFD, l'Agence française de développement, par Rémy RIOUX, également à mes côtés, c'est cette transformation que nous avons conduite depuis plusieurs années, conduisant à avoir une politique de développement française plus proche du terrain, plus à l'écoute des besoins, travaillant de manière plus délocalisée au contact des besoins.

Nous devons passer une nouvelle étape, franchir encore un nouveau seuil. Je souhaite que nous réfléchissions dans les prochains mois avec vous peut-être à un nouveau nom, à une nouvelle philosophie, à des nouvelles modalités d'action, comme ce

Annexe

que nous avons su faire ensemble il y a quelques semaines au Sahel avec l'Alliance pour le Sahel. C'est-à-dire savoir avoir une aide publique au développement plus spécifique où nous nous mettons ensemble autour de la table, de manière directe, avec les étudiants, avec les ONG, avec les associations, avec les entreprises, et où la France, avec ses partenaires africains, se met en situation d'agréger l'aide multilatérale, l'aide d'autres puissances européennes pour être plus efficace. Non pas pour avoir des cathédrales que nous construisons à notre gloire, non ! Pour poursuivre des projets dont les Africains ont besoin. L'Alliance pour le Sahel lancée en juillet dernier, elle associe l'Allemagne, l'Union européenne, la Banque africaine de développement, la Banque mondiale et le PNUD à l'ensemble des membres du G5 Sahel. Et elle permet de manière beaucoup plus efficace, avec méthode, d'intervenir ainsi sur le terrain.

C'est ce changement de méthode que je proposerai à tous demain au sommet entre l'Europe et l'Afrique à Abidjan. C'est ce changement de méthode que nous avons commencé mais qui doit se poursuivre de manière indispensable, où nous devons être plus efficace, plus au contact des besoins du terrain, en désintermédiant parfois notre organisation et en ayant davantage, collectivement, une culture de l'évaluation.

Parfois, notre aide publique au développement ne répond pas aux besoins. Elle fait plaisir à des gouvernements français ou africains. C'est une mauvaise méthode. Elle doit être évaluée ; elle doit être évaluée. Si elle est efficace, il faut la poursuivre. Si elle ne l'est pas, il faut la réorienter vers des projets portés sur le terrain et des projets que nous accompagnerons. C'est cette nouvelle philosophie, cette nouvelle volonté qui accompagnera l'engagement ferme en termes de financement pris par la France.

Mesdames et messieurs, chers amis, les mots sont importants parce qu'ils sont le début d'un choix partagé, d'une histoire partagée, d'un imaginaire commun. C'est pourquoi la proposition avec laquelle je viens devant vous, ce n'est pas de décréter seul une nouvelle étape de notre relation, non ! C'est avec humilité de vous proposer d'inventer ensemble une amitié. Nous avons tout pour y parvenir. Une histoire, des liens, des aventures familiales, des passions communes avec tout ce qu'elles emportent. Des déchirements, des volontés folles de faire et surtout une amitié pour agir. Car il s'agit bien ensemble de peser sur les grands équilibres du monde de demain.

C'est cela aujourd'hui ce que, avec vous, je suis venu faire. Proposer d'inventer une amitié pour agir. Et le ciment de l'amitié, c'est de commencer par tout se dire. C'est de ne faire l'impasse sur aucun des périls qui peuvent emporter, de manière irréversible, la stabilité de l'Afrique mais aussi, avec elle, celle de l'Europe. C'est de les identifier et chacun de prendre sa part de responsabilité. Le premier péril qui pèse sur chacune de nos consciences, c'est l'atteinte à notre dignité humaine. C'est la responsabilité de dire que les drames qui se déroulent sous nos yeux en Libye sont un crime contre l'humanité.

Elles sont le stade ultime de la tragédie que nous avons laissée prospérer sur ce que j'appelle les routes de la nécessité. Ces routes du Sahel, de la Libye, de la Méditerranée, ultimes car elles nous ramènent au pire désastre de notre histoire

Annexe

partagée : celui de l'esclavagisme, celui de la traite des êtres humains. C'est une histoire complexe, millénaire. Une histoire de l'Afrique avec elle-même et de l'Afrique avec l'Europe. Mais c'est un crime contre l'humanité aujourd'hui sous nos yeux. Il faut le nommer, non pas pour accuser l'autre comme je l'entends parfois. Non pas pour dire : « Le problème est ailleurs. » Non, pour agir avec force, avec vigueur.

Je proposerai demain à Abidjan, lors du sommet rassemblant l'Europe et l'Afrique, aux côtés du président OUATTARA et du président CONDÉ, une initiative euro-africaine pour mettre un terme à cette stratégie portée par tous ceux qui veulent notre destruction. La stratégie des terroristes, des trafiquants d'armes et d'êtres humains qui conduisent à la tragédie que nous voyons sous nos yeux. Une initiative qui doit commencer par frapper les organisations criminelles, les réseaux de passeurs qui agissent impunément depuis les centres urbains de la Corne de l'Afrique et de l'Afrique de l'Ouest jusqu'aux côtes européennes.

Je salue, à ce titre, les actions courageuses qui ont déjà été prises par les autorités nigériennes. Je proposerai également que l'Afrique et l'Europe viennent en aide aux populations prises au piège en Libye, en apportant un soutien massif à l'évacuation des personnes en danger. C'est un devoir et c'est le nôtre. D'abord, comme nous l'avons lancé le 28 août dernier à Paris, en ayant une action des pays européens et de l'Union européenne en lien étroit avec l'Union africaine dont je salue sur ce sujet l'engagement, qui consiste, au Niger et au Tchad, à envoyer des missions de l'OFPRA mais aussi de tous les équivalents européens pour travailler en lien étroit avec le HCR afin d'identifier les femmes et les hommes qui peuvent bénéficier de la protection du droit d'asile. Nous devons, dès là-bas, les protéger et les ramener en Europe.

Nous avons commencé à envoyer les premières missions et je m'engage à ce que la France et l'Europe à ses côtés puissent être à la hauteur de ce défi. Mais dans le même temps, nous devons aussi encourager le travail de l'Organisation internationale des migrations pour travailler avec tous les États africains d'origine et aider au retour dans les états d'origine. Nous ne pouvons pas laisser des centaines de milliers d'Africains qui n'ont aucune chance d'obtenir le droit d'asile, qui vont passer parfois des années en Libye, prendre tous les risques dans la Méditerranée, courir à ce drame. Il est donc indispensable d'œuvrer pour leur retour et d'aider à cet égard l'Organisation internationale des migrations.

La France a commencé à faire ce travail en lien étroit avec les autorités tchadiennes et nigériennes. Je veux ici remercier les présidents DÉBY et ISSOUFOU. Mais face à l'ampleur de la tragédie qui est sous nos yeux, il faut changer d'échelle dans notre mobilisation. Alors que la Libye cherche encore la voix de sa stabilisation, nous ne pouvons laisser les autorités libyennes affronter seules ce défi. Nous avons là l'opportunité, le devoir historique de donner un sens concret au partenariat entre l'Europe et l'Afrique. La France sera au rendez-vous. Je souhaite que l'Europe tout entière le soit.

Annexe

Le deuxième impératif c'est la lutte contre le terrorisme. Je le dis ici parce que nous avons ce destin tragique en commun ; nos deux pays durant ces dernières années ont été bousculés, frappés, meurtris par le terrorisme. Nos deux pays ont été frappés et meurtris par un terrorisme islamiste qui s'est construit dans la zone irako-syrienne, qui s'est construit aussi aujourd'hui dans la bande sahélo saharienne.

La France a été à vos côtés au rendez-vous, et je salue ici la décision courageuse prise par mon prédécesseur, François HOLLANDE, lorsqu'il a décidé de manière extrêmement rapide d'intervenir au Mali pour stopper l'avancée des terroristes.

C'était la bonne décision et l'armée française fait partie des rares armées européenne qui a la possibilité d'agir en si peu de temps. Nous l'avons fait parce que la France a toujours été aux côtés de l'Afrique lorsque sa stabilité, lorsque sa vie était en jeu. Comme l'Afrique a toujours été aux côtés de la France lorsqu'il en était de même pour nous ; c'est cela notre histoire.

Mais aujourd'hui nous continuons à être présents. Au-delà de la présence de la MINUSMA, c'est bien la force BARKHANE présente dans la bande sahélo-saharienne qui assure la stabilité, où des milliers de Françaises et de Français, que je veux ici saluer et remercier, risquent chaque jour leur vie pour lutter contre le terrorisme dans la région, pour protéger vos enfants, pour vous aider et pour gagner cette bataille contre le terrorisme. Je veux ici avec vous les remercier pour leur courage et avoir une pensée pour leurs familles et pour les victimes.

Mais vous le savez, l'ambition des jeunes soldats français de Barkhane c'est de permettre à leurs frères d'armes burkinabés, nigériens, maliens, mauritaniens, tchadiens, de rejoindre leur poste et de protéger leurs populations. C'est cela ce qu'ils veulent, c'est cela ce que je veux.

C'est pour cela que nous avons d'ailleurs lancé ensemble la force G5 Sahel. Ces forces ont pour objectif de coordonner les forces armées des pays membres du G5, de pouvoir agir sur le terrain sur les zones frontalières les plus difficiles et répondre au défi comme celui que vous visez ici au Burkina Faso.

Nous devons accélérer ce travail lancé en juillet dernier. La France a apporté son soutien financier, militaire ; notre coopération est exemplaire ; nous avons aussi formé, organisé un état-major maintenant intégré.

Les premières expériences ont été faites avec succès. Je veux aujourd'hui que nous puissions conduire les premières victoires des forces du G5 Sahel. Il est indispensable, dans les prochaines semaines et les prochains mois, que ces forces communes, en particulier dans le fuseau qui vous concerne, conduisent à terrasser ces terroristes, à mener les premières victoires ; elles sont indispensables pour vos armées, pour votre population et pour ce chemin que nous menons ensemble contre le terrorisme.

C'est un fardeau que nous partageons et demain ce sont, en effet, des organisations régionales plus fortes et plus réactives qui ont vocation à prendre le relais.

Annexe

Je sais que c'est aussi la volonté profonde du président de l'Union africaine, Alpha CONDÉ, à qui je veux rendre ici hommage et qui n'a jamais ménagé sa peine sur tous les conflits africains pour rendre l'Afrique plus présente dans le règlement de ces conflits.

Mais pour que l'Union africaine soit, en effet, plus présente et plus crédible encore faut-il ces forces régionales militaires crédibles, construites, organisées comme celles que nous sommes en train d'édifier pour le G5.

Et je veux saluer à ce titre la volonté aussi du Rwanda, du Sénégal et d'autres pays africains d'accélérer cette évolution.

C'est le sens de l'histoire. C'est aussi pourquoi je soutiendrai au Conseil de sécurité des Nations unies l'initiative de l'Union africaine visant à assurer un financement autonome et prévisible aux opérations militaires africaines.

La France poursuivra, bien sûr, pour accompagner ce travail, les actions de formation que nous menons pour renforcer les capacités sous-régionales.

La troisième menace qui peut miner l'Afrique, ce sont les conflits politiques. Les plus optimistes diront que l'Afrique n'a jamais connu aussi peu de conflits entre États. Les plus réalistes – parmi lesquels je me compte – observeront que l'Afrique n'a jamais connu autant de conflits internes, autant de blocages, autant d'impasses autour de ses constitutions ou de ses élections.

Dans ce domaine, je vous l'ai dit, je ne vous donnerais pas de leçon. Le président de la République française n'a pas à expliquer dans un pays africain comment on organise la Constitution, comment on organise des élections ou la vie libre de l'opposition.

Je n'attends d'ailleurs pas cela d'un président africain pour ce qui concerne l'Europe. Mais c'est son rôle d'être aux côtés de ceux qui travaillent au quotidien à rendre la démocratie et l'État de droit irréversibles. Je pense à ceux qui agissent pour l'éducation, les Droits de l'homme, la justice, la liberté de la presse ; je pense aux États qui le font et aux gouvernements, et je salue l'action du président KABORE ; je pense aux ONG, aux journalistes, aux universitaires, à toute cette collectivité du pluralisme démocratique, indispensable pour l'Afrique.

En venant ici, au Burkina Faso, j'ai une seule certitude : que le changement, le renouveau générationnel dans un continent dont 70 % de la population a moins de 30 ans, ce n'est pas une option, c'est une loi mathématique. Et ceux qui pensent que, aujourd'hui, en Afrique, on peut avoir la même politique qu'on a parfois eue depuis des décennies et des décennies, qui voudraient retarder le cours de l'histoire, n'ont pas regardé le Burkina Faso à coup sûr, mais n'ont pas compris qu'il y avait un ferment essentiel à ce changement, leur propre jeunesse, la jeunesse africaine, qui elle est en train de tourner une page.

Alors, j'appliquerai à mes interlocuteurs la même exigence que celle que je me suis fixée à moi-même, celle de préparer l'avenir, celle de faire une place à la jeunesse,

Annexe

celle d'investir en elle. Je serai aux côtés de ceux qui font le choix de la responsabilité et pas celui du déni, partout où j'aurai de tels partenaires, je travaillerai avec eux sans calcul. Et c'est le cas ici, cher ROCH. Et partout où cela ne sera pas le cas, la France ne se privera pas d'un lien direct avec la jeunesse, les universités, les ONG, les entrepreneurs pour avec eux construire l'avenir.

Le quatrième péril, c'est l'obscurantisme, c'est l'emprise de l'extrémisme religieux sur les esprits et, là aussi, je n'aurai aucune naïveté. C'est une menace bien plus redoutable parfois que le terrorisme, car elle est massive, diffuse, quotidienne ; elle s'immisce dans les écoles, dans les foyers, dans les campus, dans la vie politique. Cette menace n'a pas de frontières, ni de continent, tout simplement parce qu'elle s'attaque à ce qu'il y a de plus intime, la foi et la religion, pour en détourner le sens, pour en transformer la transcendance en négation de l'autre.

Je n'ai, là-dessus, pas de leçon à donner, moi qui suis le président d'un pays qui est aussi confronté à un défi de ce type, à l'intérieur de mes propres frontières, et dans un pays laïc où la séparation de l'État et de la religion est complète. Mais je veux ici parler à toutes les consciences, aux vôtres. Vous pouvez être totalement athée, laïc, et le revendiquer, vous pouvez croire dans l'islam, dans la religion catholique, dans l'animisme ou tout autre, vous pouvez être musulman, évangéliste, ne laissez jamais la religion dans laquelle vous croyez faire ce pourquoi elle n'a jamais été faite, ne laissez jamais la religion vous convaincre que c'est une aventure de destruction de l'autre.

Ne laissez jamais, au nom de votre religion, certains faire croire qu'ils pourraient dominer, voire détruire ceux qui ne croient pas ou ne croient pas pareil, ne laissez jamais, au nom de votre religion, asservir les consciences ou les individus. Toutes les religions sont des religions construites sur un message d'amour et d'espoir, elles ont des différences, elles se sont parfois combattues, mais nous avons un devoir, celui de construire des États libres, séparés du religieux, et d'assurer l'exercice libre des consciences adultes, mais chaque conscience a un devoir, c'est sa part de responsabilité, c'est de ne jamais laisser sa religion détournée de sa fonction première, je vous le dis, parce que, ici, aussi, votre responsabilité est immense.

Il est temps aujourd'hui de faire barrage à l'extrémisme religieux, il ne faut lui laisser aucun espace en le combattant partout, dans les écoles, dans les universités, dans toutes les formes de citoyenneté, le combattre au quotidien, le combattre dans les discours politiques et dans l'action. Je veux rendre ici hommage au roi du Maroc pour le rôle éminent qu'il joue et pour les mots qu'il a su trouver pour provoquer cette prise de conscience, compte tenu du rôle éminent qui est le sien.

Mais la priorité doit être pour nous d'aller encore plus loin dans ce combat, nous devons éradiquer le financement de l'extrémisme et de ses chemins détournés de la religion, c'est le message que j'ai fait passer à nombre d'États, qui parfois sont intervenus pour financer, qui des fondations, qui des écoles, qui des mouvements prétendus libres pour parfois conduire au pire. L'Arabie Saoudite a rejoint ce combat et je veux ici

Annexe

remercier le prince héritier d'Arabie Saoudite qui s'est très clairement exprimé sur ce sujet lorsque je l'ai vu il y a quelques semaines.

Je soutiens sa détermination à fermer toutes les fondations qui, pendant plusieurs décennies, ont entretenu l'extrémisme en Afrique et en Europe, c'est un mouvement courageux qui aura tout mon soutien, nous le suivons de près. Je compte aussi sur le Qatar, la Turquie et l'Iran pour s'engager fermement dans ce combat ; ce sera l'enjeu de notre lutte commune dans les prochains mois. Nous ne devons plus accepter que quelque réseau que ce soit finance dans nos pays de manière directe ou détournée des fondations, des organisations qui nourrissent l'obscurantisme ou l'extrémisme.

Ce sera l'enjeu de la conférence sur la lutte contre le financement du terrorisme que j'organiserai à Paris l'année prochaine. Mais il ne faut pas simplement fermer les écoles qui enseignent la rupture et la régression. Il faut en ouvrir d'autres qui bâtissent le socle commun de connaissances, qui nous rassemblent, nous devons bâtir une école qui libère les esprits et non qui les enferme, c'est pourquoi l'éducation sera la priorité absolue du nouveau partenariat que je vous propose.

C'est le sens de mon engagement aux côtés du président Macky SALL pour co-parrainer la reconstitution du partenariat mondial pour l'éducation. Je me rendrai en février à Dakar pour cela. Et j'aurai deux priorités : d'abord, je veux que la France s'engage massivement pour contribuer à la formation des professeurs ; le ministre de l'Éducation nationale qui m'accompagne dans ce déplacement est tout particulièrement engagé dans ce combat. Nous prendrons des engagements concrets, mais il est indispensable que la France aide tous les États d'Afrique qui le veulent, pour réussir cette bataille contre l'obscurantisme, à former les enseignants et à construire justement la stratégie qui permettra de former les esprits partout sur le territoire.

Ensuite, je serai aux côtés de tous les chefs d'État et de gouvernements africains qui feront le choix de la scolarisation obligatoire des jeunes filles. Je défendrai leur choix, et je demanderai à l'Agence française de développement de soutenir en priorité les programmes visant à la scolarisation des jeunes filles ; je fixerai à nos ambassades l'objectif d'attribuer des bourses d'études en France en priorité à des jeunes filles. N'ayez pas peur, je n'ai pas dit qu'il n'y en aura que pour les jeunes filles, j'entendais cette mâle réaction visant à protester.

Mais je vous le dis avec la même franchise, je regarde avec inquiétude, parfois dans certains quartiers de mon propre pays, la déscolarisation des jeunes filles progresser et je le vois dans certains pays africains. Si l'Afrique veut réussir, et la France avec elle, ce grand basculement du monde, nous devons former tout le monde et éduquer tout le monde, et nous devons éduquer les jeunes filles, nous devons avoir des jeunes filles et des femmes libres, libres de choisir.

Et je vous le dis pour vous, jeunes hommes qui êtes là, c'est bon pour vous, la société que vous vous préparez, la société que nous allons construire, ça ne doit pas être celle d'hier, et parfois encore trop souvent celle d'aujourd'hui, ça ne doit pas être une

Annexe

société où ce sont les hommes qui vont dire ce qui est bon pour les femmes, qui vont leur choisir leur destin, qui vont dire : l'éducation est bonne pour moi, mais très peu pour elle. Ce n'est plus acceptable.

Il y a pas de vecteur de progrès plus puissant pour une société que l'émancipation des jeunes filles, *le Soleil des indépendances*, celui qu'a fait briller Ahmadou KOUROUMA, est porté par une héroïne africaine qui incarne tous les espoirs d'un continent. Ce sera ma fierté que la France aide à faire briller le Soleil des indépendances de cette nouvelle génération de femmes africaines.

Cela m'amène à un cinquième défi, que nous ne pouvons pas éluder, c'est celui de la démographie. Y a-t-il des voix qui veulent s'exprimer ? Ne pas en parler, c'est irresponsable, dire : tout va bien, Madame la Marquise, c'est formidable ! Il n'y a pas de problème, on va continuer ensemble comme on a toujours fait, et on va s'apercevoir qu'il y a une démographie extraordinairement dynamique, mais dans nombre de pays qui déjà n'ont pas la croissance pour faire vivre une génération, une démographie qui fait basculer encore de l'autre côté, c'est ne pas partager une préoccupation que nous devons avoir en commun.

70 % de jeunes, c'est ça l'Afrique, alors, oui, c'est une chance, je vous l'ai dit, j'y crois. Si je n'y croyais pas, je ne serais pas là. Mais c'est surtout une immense responsabilité. Alors la démographie, ça ne se décrète pas, et là aussi, ça ne se dicte pas, aucun président ne va dire : ma démographie doit être celle-ci ou celle-là, et a fortiori pas un président français pour l'Afrique, mais elle renvoie à des choix personnels, intimes, dans lesquels personne ne doit s'immiscer. Et c'est là le cœur du sujet.

Elle doit être un choix, en particulier pour les jeunes filles et pour les femmes, et posez-vous bien la question, partout, vous avez 7, 8, 9 enfants par femme, est-ce qu'à chaque fois, dans chaque famille, vous êtes bien sûr que c'est le choix de cette jeune femme ? Il y a dans mon pays des familles qui ont fait ce choix, il y a en France des familles où il y a 7, 8, 9 enfants par femme, c'est leur choix, c'est très bien, je n'ai pas à en juger, je n'en parle d'ailleurs jamais. Et je n'ai pas à en juger pour une famille et une femme africaine, mais je veux être sûr que partout en Afrique, ce soit bien le choix de cette jeune fille ou de cette femme.

Je veux le choix pour une jeune fille de pouvoir, si elle le souhaite, continuer ses études, continuer à se former, trouver un emploi, créer une entreprise, pouvoir faire ce choix, elle et personne d'autre. Je veux, partout en Afrique, qu'une jeune fille puisse avoir le choix de ne pas être mariée à 13 ans ou à 14 ans, et commencer à faire des enfants, non pas parce qu'un président de la République l'aura voulu, parce que vous l'aurez voulu ; mais nous devons avoir ce débat responsable, fort, celui de la liberté du choix, celui qui va avec la démocratie, celui qui va avec la route que vous avez choisie.

C'est une conviction profonde qui m'a poussé à faire de l'égalité femmes / hommes la grande cause de mon mandat, en France d'abord, où nous avons encore d'énormes progrès à accomplir pour assurer une égalité réelle dans notre société. Et c'est une cause que je porte aussi dans mon action internationale et que je partage avec vous,

Annexe

aujourd'hui. La démographie peut être une chance, mais donc à condition que chaque jeune fille, chaque femme, ait la possibilité de choisir son destin dans nos sociétés, quelles qu'elles soient.

Le défi démographique, c'est bien sûr aussi l'accès de tous à la santé, essentiel combat. Dans ce domaine, la France est et restera le deuxième contributeur du Fonds mondial pour la lutte contre le sida, la tuberculose et le paludisme, je peux vous confirmer ces engagements. Et je tiens ici à rendre hommage à l'engagement du président CHIRAC qui a permis à la France de contribuer aux résultats spectaculaires dans la réduction de ces pandémies. Mais la santé, ce n'est pas seulement l'accès aux médicaments, c'est la mise en place d'un véritable système de santé, comme ont réussi à le faire des pays comme le Rwanda. Et, là aussi, dans ce domaine, il faut changer de modèle, l'Afrique n'a pas besoin uniquement qu'on lui envoie des médecins ou des infirmiers étrangers, il le faut parfois, et nous continuerons à le faire, mais ces médecins existent, ils sont formés, et souvent bien formés, en Afrique ; je pense au Sénégal, je pense à la Tunisie.

Ce dont l'Afrique a besoin, ce sont de financements pour ouvrir des structures de soins où ces médecins pourront exercer avec les meilleures technologies, c'est de développer la télémédecine, les infrastructures indispensables. Je demanderai pour cela aux fonds d'investissement privés français, aux assureurs français, de proposer aux pays africains de devenir les actionnaires privilégiés des champions africains de la santé. Concrètement, je veux que des financements privés français servent demain à ouvrir des cliniques de qualité à Abidjan, Dakar, Ouagadougou. La France doit aussi avoir ce rôle.

Enfin, sur la santé, nous nous trouverons aussi aux côtés de ceux qui combattent contre le trafic de faux médicaments. Ce fléau parcourt toute l'Afrique, il touche non seulement les malades, mais bien souvent les plus pauvres, dans une injustice au carré. Ce combat que la France a initié avec plusieurs autres à Cotonou en 2009, je souhaite que nous puissions le poursuivre, l'accroître, pour éradiquer ce fléau.

Enfin, la menace qui peut amplifier toutes les autres et les rendre hors de portée, c'est le changement climatique. Le changement climatique n'est pas une lubie pour pays développés, ça n'est pas une préoccupation dont certains simplement devraient s'attacher à passer leur quotidien, non, le changement climatique, c'est vital, c'est ce qui peut transformer, bousculer des régions entières, dans le Pacifique, ou en Afrique. L'Afrique, des rives du lac Tchad au bassin du Congo, est tout entière en première ligne des effets du changement climatique ; elle peut aussi, mes amis, être à l'avant-garde des solutions, elle peut aussi réussir là où l'Europe n'a pas toujours su apporter les bonnes réponses.

La secrétaire d'État m'accompagne ici et elle mène aux côtés du ministre d'État ce combat. C'est pour cela que j'ai souhaité que l'Afrique soit à nos côtés lors du sommet du 12 décembre prochain à Paris. Nous aurons des projets concrets et, en particulier, des projets africains face auxquels nous mettrons des financements concrets, publics et privés, pour permettre d'avoir des résultats rapides.

<h1 style="text-align:center">Annexe</h1>

Je souhaite que la France, par ses entreprises et ses opérateurs, soit le partenaire privilégié de l'Afrique dans le domaine de l'adaptation aux changements climatiques. Je pense en particulier aux énergies renouvelables ; c'est le sens que je donnerai en inaugurant demain, avec le président KABORE, la centrale solaire de Zagtouli. Avec ce projet, j'ai la fierté de penser que la France et d'autres pays européens pourront ainsi contribuer aux côtés du gouvernement burkinabè à changer un peu la vie, à changer le quotidien des coupures d'électricité, à rendre l'énergie plus accessible, mais aussi plus propre.

La lutte contre le réchauffement climatique doit être le terrain de l'innovation, de l'entreprenariat, d'un défi commun où nous devons réussir ensemble, où les formations doivent se multiplier, où les investissements nouveaux doivent se multiplier. Ca n'est pas simplement quelque chose que vous allez avoir à subir, comme la planète entière, non, c'est un défi dans lequel nous devons ensemble réussir.

C'est pour cela que je veux que l'Afrique soit un lieu d'innovations radicales, de financement de ces innovations radicales dans la lutte contre le réchauffement climatique, et que l'Afrique prenne toute sa part, non seulement le 12 décembre prochain à Paris, mais dans le cadre du Pacte mondial pour l'environnement, que la France a lancé et qui doit être porté dans le cadre de l'ONU. Je pense aussi à la ville durable : 500 millions d'urbains en plus sur le continent en 2025, personne n'a jamais relevé un tel défi. Ce sera votre défi, le nôtre. Cela peut être une chance et cela peut être une catastrophe.

Pour ma part, j'ai la conviction que c'est en Afrique qu'est en train d'être inventée la ville durable de demain. C'est pourquoi je ferai de la ville durable l'enjeu du prochain sommet entre l'Afrique et la France, que j'ai accueillerai en France en 2020. Ce sera pour moi l'opportunité, non seulement de réunir les chefs d'État et les gouvernements, mais d'élargir cette rencontre à d'autres acteurs, comme les maires des grandes agglomérations françaises et africaines, les entreprises, la société civile pour que, là aussi, il en ressorte des partenariats concrets, qui nous permettront de réussir ce défi de la ville durable, qui nous permettront d'inventer avec innovation ce défi de la ville africaine du 21ᵉ siècle, c'est indispensable.

Mesdames, Messieurs, chers amis, face à ces menaces, vous le voyez, il y a une réponse, celle d'une action résolue, lucide partagée. Sur chacun des défis que je viens d'évoquer, en vous présentant avec franchise, l'importance de ce qui est à faire de part et d'autre, moi, je ne vous donne pas de leçon, je vous dis quelle sera ma part, je vous dis aussi avec beaucoup de franchise, quelle sera la vôtre, les habitudes qu'il faudra parfois rompre, les faux discours dans lesquels nous nous étions parfois enfermés.

Mais il y a aussi quelque chose d'inédit, un chemin que jamais jusqu'alors nous n'avons emprunté ensemble, celui d'une émancipation en partage, celui d'un risque pris, d'un risque qui était jusque-là caché, que j'évoquais tout à l'heure en creux, celui de la jeunesse. C'est cette part de risque qui nous permettra de créer, d'oser inventer l'avenir, et de faire ensemble deux révolutions fondamentales pour le continent africain, celle de la

<h1 align="center">Annexe</h1>

mobilité, cette révolution profonde, qu'il nous faut repenser, et celle de l'innovation.

La révolution de la mobilité, c'est celle qui nous permettra de repenser nos liens, mais aussi la circulation des femmes et des hommes en Afrique, et entre l'Afrique et l'Europe. La mobilité, c'est d'abord celle des étudiants, et je sais ici vos attentes. La France est bien souvent la première destination ; je veux qu'elle soit la première destination, non pas par habitude, mais par choix, par désir, pas nécessairement pour l'ensemble des études, mais pour nourrir les échanges entre nos pays. Pour cela, je veux que la France vous accueille mieux, cela veut dire offrir des places et des formations dans les filières qui correspondent à vos besoins, cela veut dire aussi offrir les conditions d'une véritable circulation dans la durée. Et j'en prends devant vous l'engagement aujourd'hui.

Je souhaite que tous ceux qui sont diplômés en France puissent y revenir, quand ils le souhaitent et aussi souvent qu'ils le souhaitent, grâce à des visas de circulation de plus longue durée, parce qu'étudier en France, c'est une relation privilégiée qui doit se prolonger et qui ne doit pas se soumettre à une date-couperet. C'est l'ensemble de cette mobilité que nous devons repenser. Je vois trop souvent des jeunes Africains qui viennent étudier ou, en fait, demander un visa d'étudiant pour rester en France, ça n'est pas une bonne voie, ça n'est pas une bonne méthode, et la France, dans la durée, ne peut pas les accueillir.

Et là-dessus, je serai intraitable, parce que c'est un contournement. Je vois des étudiants qui veulent accéder à des formations en France, pour cela, je leur dis : nous allons mieux adapter les filières pour répondre à vos besoins. Et puis, je vois deux aberrations, une fois qu'ils ont été formés, qu'ils ont étudié en France, que nous avons investi, soit il y a une date couperet et ils doivent revenir, alors même qu'ils voulaient poursuivre leurs études en France. Nous devons en finir avec cela et faciliter les carrières, la fluidité et leur permettre de rester plus souplement, même si des améliorations ont été faites ces dernières années.

Mais ils ont parfois peur de revenir dans leur pays, parce qu'ils se disent : si je reviens, je ne pourrai plus revenir en France. Je perds, en quelque sorte, cet avantage d'être déjà là ; et ils ne font pas bénéficier leur pays, ils ne font pas bénéficier l'Afrique de ce qu'ils ont appris ; et là aussi, c'est une erreur pour tout le monde. Ce visa de circulation de longue durée, c'est celui qui permettra ces allers-retours choisis, organisés ; c'est celui qui permettra cette mobilité de liberté plutôt que cette mobilité de nécessité, et ces chemins terribles que j'évoquais tout à l'heure.

C'est pourquoi mon projet aussi est de contribuer à renforcer la présence de nos établissements ici, en lien et en partenariat avec vous. Renforcer vos établissements et vos cursus universitaires, c'est multiplier les partenariats, les échanges, les formations croisées, les doubles diplômes qui répondront à vos attentes et qui nous permettront mutuellement de mieux apprendre l'un de l'autre. J'ai demandé à mes deux ministres, de l'Éducation nationale et de l'Enseignement supérieur, de la Recherche et de l'innovation, de travailler au doublement des partenariats universitaires que nous avons avec l'Afrique.

Annexe

Si l'École polytechnique lance des partenariats en Côte d'Ivoire, d'autres écoles françaises, d'autres universités peuvent aussi le faire, et je me félicite, ici, des efforts entrepris pour un rapprochement entre un établissement d'enseignement supérieur français et l'École d'ingénieurs 2iE de Ouagadougou. Ce rapprochement – et je vous réaffirme tout notre engagement derrière ce projet – ce rapprochement permettra de renforcer son statut de grande école d'ingénieurs de référence sur le continent africain, dans les domaines de l'eau, de l'énergie et de l'environnement.

J'appelle donc les universités et les écoles françaises de commerce, d'ingénieurs, de management à ne pas perdre davantage de temps et à venir à votre rencontre pour développer ces parcours croisés auxquels aspirent nos deux jeunesses.

Et ce changement profond qui consiste à revoir, à révolutionner toute notre façon de penser est indispensable. Moi je ne veux pas qu'un jeune Burkinabè, dès qu'il se dit « je vais faire des études » n'ait qu'un but : aller faire des études en France ! Non ! Je veux qu'il puisse mener toutes ses études au Burkina s'il le veut. Nous devons donc lancer tous ces partenariats ; nous devons multiplier les cours en ligne, les partenariats, les doubles diplômes qui permettront ici à Ouagadougou d'avoir un diplôme d'une université française parce qu'il y aura un partenariat ; et que, s'il veut et doit aller en France, c'est pour faire une formation spécifique ou c'est parce qu'il l'a choisi, pas parce qu'il y est contraint.

Ce changement profond c'est celui que nous vous devons parce que nous vous devons l'accès au même contenu. Si la francophonie a un sens - et c'est le projet qu'elle doit porter - c'est celui de permettre à tous les étudiants francophones d'avoir accès aux mêmes supports pour mener leurs projets et leurs études. C'est pour cette raison que j'ai demandé à l'Agence universitaire de la francophonie d'être à mes côtés, je veux qu'elle devienne la porte d'entrée pour vous donner accès à tous à une bibliothèque numérique des savoirs et des formations.

Nous construirons l'accès à cette bibliothèque à partir des campus numérique francophone. Je sais qu'il y en a un ici même à l'université Joseph Ki-Zerbo. Et nous allons les renforcer en impliquant les opérateurs de téléphonie mobile et les fournisseurs d'accès pour vous apporter dans ces campus des meilleurs points de connexion pour un accès de haut débit.

Et l'objectif c'est de pouvoir accéder aux mêmes manuels, aux mêmes contenus à Lyon, à Bordeaux, à Bobo-Dioulasso ou à Ouagadougou. La mobilité ce ne sont pas seulement les études, c'est une circulation plus large, une circulation croisée, la circulation choisie des talents.

C'est pourquoi je souhaite que la France puisse accueillir 1 000 nouveaux talents africains chaque année dans le domaine de la création d'entreprises, dans la recherche, dans l'innovation dans la culture, dans le sport.

Je vous rassure : pas pour dire qu'ils doivent uniquement aller réussir en France !

Annexe

Non, pour que la France accélère leur réussite, mais pour qu'ensuite ils puissent revenir, démultiplier leurs efforts, leur réussite ; et que ce passeport Talents et le visa qui va avec, qui permet cette liberté de mobilité, permettent à toutes celles et ceux qui sont dans cette salle - qui veulent réussir, transformer - d'avoir accès à la plateforme de la francophonie, d'avoir accès à toutes les facilités de la réussite en France pour démultiplier et revenir tirer le continent africain.

En parallèle, je souhaite que plus de jeunes Français puissent aussi venir travailler en Afrique. Business France augmentera dès 2018 le nombre des jeunes volontaires français travaillant dans des entreprises en Afrique. Et je demanderai également à nos ambassades de recruter davantage de volontaires en privilégiant les candidats qui parlent ou ont commencé l'apprentissage d'une langue africaine.

Le point d'entrée de cette mobilité croisée ce sera ici à Ouagadougou la Maison de la jeunesse que j'ai décidé de créer, un lieu accessible à tous au centre ville de votre capitale qui vous sera spécifiquement consacré. Je remercie les autorités burkinabés pour leur appui dans la mise en œuvre de ce projet. Nous allons accélérer fortement dans les prochains mois les choses. Cette Maison de la jeunesse sera ouverte avant le 14 juillet prochain et vous pourrez l'inaugurer officiellement à cette date.

Elle rassemblera Campus France, France Volontaires, les instituts de recherche, un incubateur pour les jeunes créateurs d'entreprise ; tout ce qui est à destination de la jeunesse et permettra non seulement de l'accueillir mais de réussir, d'étudier, de faire, d'entreprendre, de s'informer, de se projeter vers le reste du monde. Ce sera pour vous.

La deuxième révolution que nous pouvons conduire ensemble, cette révolution qui permettra le sursaut de la jeunesse, c'est celle de l'innovation et avec elle de l'entreprenariat. C'est la seule révolution qui peut apporter les 450 millions d'emplois dont l'Afrique aura besoin d'ici 2050.

Concrètement la France sera au rendez-vous en consacrant plus d'un milliard d'euros pour soutenir les PME africaines. Au travers de cette initiative, l'Agence française de développement, la Banque publique d'investissement - et je remercie les deux dirigeants qui m'accompagnent - mais aussi je le souhaite que les fonds d'investissement privés français seront les premiers partenaires des jeunes entreprises africaines.

Concrètement ce fonds que nous allons créer permettra avec l'Agence française de développement et la Banque publique d'investissement de faire même peut-être plus qu'un milliard d'euros ; je veux que nous puissions multiplier par 10 cet objectif en associant des fonds privés, d'autres partenaires européens, des fonds privés européens pour avoir une enveloppe qui permettra de financer les projets des entrepreneurs, des innovateurs africains.

D'abord dans le numérique, c'est le sens du programme *Digital Africa* qui permettra d'identifier les start-up africaines les plus prometteuses et accompagnera leur croissance ; mais aussi dans l'agriculture dont l'Afrique a profondément besoin. C'est

Annexe

plus que 60% de la population active, c'est le secteur dans lequel nous allons continuer et nous devons investir, et cette initiative financera des PME africaines qui accéléreront la transformation de l'agriculture africaine. Partout nous devons par cette initiative et l'aide que nous apportons accélérer ces transformations et ces transitions. De manière générale, cette initiative s'adressera tout particulièrement -vous l'avez compris aussi aux femmes entrepreneuses.

La France sera également au rendez-vous en investissant dans les infrastructures africaines de demain. C'est le sens des efforts qui ont été menés pour financer de grands projets d'investissement comme le train urbain de Dakar, le métro d'Abidjan où celui de Casablanca.

C'est aussi le sens du fonds doté de 300 millions d'euros pour le soutien à des projets d'infrastructures en Afrique qui conduira ses premiers investissements dans les toutes prochaines semaines.

C'est aussi ce que l'Union européenne et l'Union africaine en particulier avec des opérateurs comme la BAD doivent continuer à développer sur le terrain ; nous devons partout en Afrique développer les infrastructures de la croissance, les infrastructures numériques, les infrastructures de transports et les infrastructures de l'énergie. Ce combat initié pour partie par la France il y a quelques années doit maintenant connaître une nouvelle phase, non plus celle des grandes déclarations, celle de la mise en œuvre avec les grands bailleurs régionaux, avec les banques régionales pour que partout où c'est nécessaire sur le terrain ces infrastructures soient déployées.

Je veux que l'Afrique soit une priorité de la diplomatie économique française que les entreprises françaises investissent davantage en Afrique, pas seulement les grands groupes que vous connaissez mais aussi les PME, les entrepreneurs et plusieurs d'entre eux accompagnent également ma délégation. Plus exactement la constitue.

Pour plusieurs raisons : parce que je veux là aussi qu'ils changent leur propre regard sur l'Afrique mais qu'ils changent le vôtre. Je veux que le monde économique français et européen, qui se déploie, qui investit en Afrique, puisse le faire aussi différemment, comme le font déjà certains fonds d'investissement ou certains acteurs qui ont initié ce changement de méthode il y a quelques années ; parce que le soutien de l'État français, indispensable et qui continuera à leurs côtés, ne sera pas accordé sans contrepartie En effet, je souhaite que les entreprises françaises soient porteuses d'un partenariat exemplaire, un partenariat exemplaire qui refuse la corruption, qui se plie aux appels d'offres, qui se plie aux règles édictées par les institutions africaines, qui comme l'OHADA font progresser la bonne gouvernance.

Les entreprises françaises, qui viendront investir en Afrique et se développer, et qui auront le soutien de l'État français, seront exemplaires car je leur demanderai aussi d'investir dans la formation professionnelle, ce sera une condition que je fixerai à nos entreprises. Pour bénéficier du soutien de l'État français, elles devront s'engager dans la durée, financer des bourses, s'engager à développer des offres répondant aux besoins de formation et enfin privilégier l'emploi local. Ne vous trompez pas, et je dis à la jeunesse africaine, ne commettez pas les erreurs que nous avons ensemble commis par le passé, il n'y a pas d'Eldorado, de l'investissement et de la croissance unilatérale, il n'y a pas de bon investissement d'un État ou d'entreprise quand ce ne sont que les intérêts de cet État qui sont le but.

La France, elle n'investira plus uniquement pour faire des opérations de gouvernement à gouvernement, où il n'y a aucune retombée sur la population locale. Elle n'investira plus pour que des grands groupes participent parfois à des opérations de corruption organisée. Elle n'investira plus pour que la jeunesse n'ait aucune retombée de ce qui se passe et qui s'investit. Elle n'investira plus, et ses entreprises, avec pour qu'il n'y ait pas un développement de l'emploi local et des engagements pris, mais elle sera vigilante avec vous, Monsieur le président, avec tous les dirigeants et la jeunesse africaine pour faire en sorte que d'autres ne répliquent pas aujourd'hui, parfois avec une forme de fascination étonnante, les erreurs que nous avons commis ensemble hier ; et qui arrivent à de nouveaux investisseurs, avec des entreprises qui proposent des milliards mais pas un emploi pour les Africains, qui proposent des milliards avec la répétition des mêmes erreurs du passé et qui peuvent sembler être des solutions de facilité pour aujourd'hui mais en répliquant les troubles, les erreurs parfois les crimes d'hier. Cette exigence que j'aurai pour la France je veux que nous l'ayons ensemble pour les investisseurs du monde entier, pour tout le continent africain.

Et la condition de cette innovation, c'est la recherche ; je souhaite que les conditions soient créées pour permettre aux chercheurs africains et européens de travailler ensemble des programmes communs. Ce qui a été fait avec succès dans le cadre de l'Union européenne avec le Conseil européen de la recherche doit pouvoir être étendu aux universités africaines.

Nous devons donner les moyens financiers de structurer des réseaux de chercheurs européens et africains. C'est un des sujets que je porterai dans le cadre du sommet d'Abidjan où je serai avec le président KABORE dès demain.

Mesdames et Messieurs, je terminerai par ce qui doit nous permettre ensemble d'écrire cette nouvelle relation d'amitié dans la durée au-delà des menaces, des craintes et de nos intérêts partagés. Aujourd'hui, nous sommes orphelins, nous sommes orphelins en quelque sorte d'un imaginaire commun, nous souffrons d'un imaginaire qui nous enferme dans nos conflits, parfois dans nos traumatismes, d'un imaginaire qui n'est plus le vôtre, n'est plus le nôtre, et je veux reconstruire cet imaginaire commun et d'avenir autour de trois remèdes.

Le premier remède c'est la culture, dans ce domaine, je ne peux pas accepter qu'une large part du patrimoine culturel de plusieurs pays africains soit en France. Il y a des explications historiques à cela, mais il n'y a pas de justification valable, durable et inconditionnelle, le patrimoine africain ne peut pas être uniquement dans des collections privées et des musées européens. Le patrimoine africain doit être mis en valeur à Paris mais aussi à Dakar, à Lagos, à Cotonou ; ce sera une de mes priorités. Je veux que d'ici cinq ans les conditions soient réunies pour des restitutions temporaires ou définitives du patrimoine africain en Afrique.

Ça supposera aussi un grand travail et un partenariat scientifique, muséographique parce que, ne vous trompez pas, dans beaucoup de pays d'Afrique ce sont parfois des conservateurs africains qui ont organisé le trafic et ce sont parfois des conservateurs européens ou des collectionneurs qui ont sauvé ces œuvres d'art africaines pour l'Afrique, en les soustrayant à des trafiquants africains, notre histoire mutuelle est plus complexe que nos réflexes parfois !

Mais le meilleur hommage que je peux rendre non seulement à ces artistes mais à ces Africains ou ces Européens qui se sont battus pour sauvegarder ces œuvres, c'est de tout faire pour qu'elles reviennent. C'est de tout faire aussi pour qu'il y ait la sécurité, le soin qui soit mis en Afrique pour protéger ces œuvres. Donc ces partenariats prendront aussi toutes les précautions pour qu'il y ait des conservateurs bien formés, pour qu'il y ait des engagements académiques et pour qu'il y ait des engagements d'État à État pour protéger ces œuvres d'art, c'est-à-dire votre histoire, votre patrimoine et, si vous m'y autorisez, le nôtre.

La culture c'est aussi ce qui doit permettre de changer les regards que nous portons l'un sur l'autre et c'est avec cette ambition que j'ai décidé de lancer en 2020 une Saison des cultures africaines en France. Qu'est-ce que c'est cette Saison ? C'est un constat simple, ce que me disait l'un des membres du Conseil présidentiel, plutôt l'une des membres, c'est de dire c'est formidable en France si on veut connaître l'Afrique on peut aller au musée du Quai Branly ou dans beaucoup d'autres musées, on voit l'Afrique que moi je n'ai jamais connue, on voit l'Afrique d'il y a 500 ans ou mille ans mais on ne voit pas la scène artistique contemporaine de l'Afrique et c'est vrai !

Et donc on ne connaît pas l'Afrique, la jeunesse française connaît très mal l'Afrique, elle commence à en connaître la littérature, j'y reviendrai, mais elle en connaît mal la peinture, la vitalité théâtrale, cinématographique, sculpturale, la richesse de toute la création artistique. Et donc cette Saison des cultures africaines en France, inédite, doit permettre de faire connaître à la France, aux jeunes Français la création des jeunes générations africaines dans la mode, dans la musique, dans le cinéma, dans le design.

Je souhaite aussi que cette Saison des cultures soit l'occasion de valoriser une autre forme d'histoire et je le dis avec beaucoup de solennité dans cette université. L'histoire de l'Afrique ne peut pas être seulement écrite par des spécialistes européens de l'Afrique, il convient de valoriser, de poursuivre et d'aider au parachèvement d'une histoire de l'Afrique écrite par les Africains. Je pense, d'une part, évidemment à l'histoire et l'historiographie africaine qui est indispensable et, encore une fois, votre université porte le nom d'un de ses artisans éminents, mais je pense aussi à l'histoire de l'Afrique par son cinéma.

Les pionniers du cinéma africain de Paulin SOUMANOU VIEYRA à Ousmane

<h1 style="text-align:center">Annexe</h1>

SEMBÈNE se sont battus pour faire émerger la voix d'une Afrique indépendante, libre de porter son propre regard sur elle-même et nous devons continuer d'avoir une culture, une volonté de porter justement ce regard libre. La France en conserve précieusement la trace au sein de la cinémathèque Afrique qui rassemble près de 1 700 films coproduits par la France dans plus de 30 pays. Cette mémoire de l'Afrique et de son cinéma, je veux la mettre à la disposition à la fois de la jeunesse africaine et de la jeunesse française, ce sera un des grands objectifs de cette Saison des cultures africaines.

Le deuxième ciment de cette aventure commune c'est le sport. En 2024, la France accueillera le monde entier à Paris et je souhaite que les sportifs français y brillent, je vous rassure, mais je souhaite également que ces Jeux olympiques puissent valoriser l'excellence sportive africaine. Pour cela, les sportifs africains de haut niveau doivent disposer des moyens de pleinement développer leur potentiel. C'est pourquoi j'ai demandé au Comité d'organisation des Jeux olympiques de prévoir dès à présent un plan pour permettre aux sportifs africains de venir s'entraîner en France dans les meilleures installations.

Mais je souhaite aussi que l'Afrique puisse se doter des meilleures installations sportives pour ses sportifs et pour ses jeunes, d'installations durables qui survivent au seul usage d'une compétition internationale. Et donc dans le cadre de l'organisation de ces Jeux olympiques de 2024, je souhaite que nous puissions en lien avec le Comité des Jeux olympiques et dans le cadre de ce partenariat entre l'Union européenne et l'Union africaine organiser le développement et l'investissement dans ces infrastructures sportives et ces installations.

Cette initiative que je souhaite porter d'envergure européenne reconnaîtra le sport comme un puissant vecteur de développement et de croissance des économies africaines. L'économie du sport, ce ne doit pas seulement être la vente des maillots même quand ce sont les maillots des meilleures équipes européennes, ce qui est parfois et souvent le cas dans beaucoup de villes en Afrique, même si je ne saurai m'opposer à la vente du maillot de l'Olympique de Marseille, mais cela doit aussi être le développement d'une vraie filière économique ici en Afrique.

Et là aussi en matière de sport, il est nécessaire que les jeunes Africains aient les infrastructures qui leur permettent de s'entraîner pour les Jeux olympiques mais que, dans cette période de temps qui nous est offerte, nous puissions avoir une vraie stratégie commune pour développer ce secteur économique et cette création de richesse. Je porterai dans les prochaines semaines une initiative rassemblant de grands acteurs du monde sportif qui encouragera à la fois les investissements dans le domaine des équipements sportifs et les investissements des sportifs dans l'économie africaine.

Enfin, en nous retrouvant ensemble par ce qui nous unit par-delà ou par avant la culture et le sport dans cet amphithéâtre même le ciment principal qu'il y a entre nous, celui tellement évident qu'on finit par ne plus le mentionner, c'est la langue, j'allais dire la langue française. Oui, c'est bien la langue française mais à vrai dire il y a bien longtemps

Annexe

que cette langue française, notre langue, n'est plus uniquement française. Elle a parcouru le monde entier et elle est ce qui nous unit. Notre langue française, c'est une chance pour nous et notre langue a un avenir ; ça n'est pas simplement un patrimoine à protéger ; et cet avenir se joue pour beaucoup en Afrique, ici.

Son avenir, son rayonnement, son attractivité n'appartient plus à la France. La francophonie c'est un corps vivant, un corps par-delà nos frontières dont le cœur bat quelque part pas loin d'ici. Et je veux que vous ayez conscience de cela, moi j'en suis fier, je suis fier que la langue dans laquelle je suis né, à laquelle je dois tout, la langue dans laquelle on m'a fait grandir, par laquelle je peux convaincre, la langue par laquelle quelqu'un comme moi qui vient d'une famille de province peut devenir président de la République française, parce qu'il apporte des arguments et des émotions à d'autres qui à un moment le suivent, ce soit aussi votre langue.

Soyez-en fiers parce que c'est une langue qui va permettre à une jeune fille burkinabé de faire la même chose demain, de convaincre les jeunes de sa génération et de prendre les responsabilités, d'aller conquérir quelque chose qui n'est pas forcément à elle au début, cela nous l'avons en partage. Alors je vous le dis très simplement, faites le vivre, ne la regardez pas comme une langue que certains voudraient ramener à une histoire traumatique, elle n'est pas que cela puisqu'elle est la langue de vos poètes, de vos cinéastes, de vos artistes, vous l'avez déjà réacquise, vous vous l'êtes déjà réappropriée ! La langue française du Burkina-Faso, la langue française du Sénégal, elle n'est déjà plus seulement française, elle est déjà la vôtre, alors portez-la avec fierté !

Et cette francophonie, ce n'est pas la francophonie française, non, elle a depuis bien longtemps échappé à la France. Je veux une francophonie forte, rayonnante, qui illumine, qui conquiert, parce que ce sera la vôtre ! Portez-la avec fierté cette francophonie, défendez-la, mettez-y vos mots, mettez-y vos expressions, transformez-la, changez-la à votre tour ! Parce que je vais vous faire une confession, le français que nous avons appris les uns et les autres a été un moment figé par une académie comme un instrument de pouvoir, même si elle fait un travail formidable évitant certaines dérives de certains qui confondent le combat politique avec l'anecdote du temps.

C'était un travail important. Mais avant ce Français classique de l'Académie, il y avait un français irrigué de tant et tant de patois et de langues vernaculaires ; lisez le français de Rabelais, vous vous rendre compte ! Mais le français d'Afrique, des Caraïbes, de Pacifique, ce français au pluriel que vous avez fait vivre, c'est celui-là que je veux voir rayonner. Portez-le avec fierté, ne cédez à aucun discours qui voudrait en quelque sorte renfermer le français dans une langue morte ou combattre le français comme une langue trop chargée par un passé qui n'est pas à la hauteur du nôtre ! Non, allez avec une francophonie conquérante et je serai à vos côtés !

Pour cela, j'ai décidé que le représentant personnel du président de la République française pour la Francophonie ce ne serait pas comme classiquement un ministre, ce serait une personnalité à part, c'est pourquoi j'ai demandé, je la remercie d'avoir accepté,

Annexe

à Leïla SLIMANI qui est ici à mes côtés de prendre cette fonction. Parce qu'elle écrit et qu'elle fait vivre cette langue, notre langue, de part et d'autre de la Méditerranée dans des imaginaires mêlés et qu'elle appartient à une génération qui veut cette conquête, qui veut ouvrir cette nouvelle voie en marche, oui.

Et je lui ai demandé d'abord, avec vous et toutes celles et ceux qui voudront participer à ce défi, de conduire, en lien bien entendu avec l'Académie française dont je veux ici saluer le rôle et l'engagement tout personnel de madame Hélène CARRÈRE d'ENCAUSSE qui avec beaucoup de rigueur et de détermination porte notre langue française et son exigence, en lien donc avec l'Académie française, qu'elle puisse progressivement construire un dictionnaire de la francophonie plus riche, plus large que le français de France mais qui est ce français de la francophonie que nous avons en partage, avec les auteurs, les intellectuels, les créateurs de toute la francophonie.

Je lui ai demandé aussi en s'entourant de plusieurs intellectuels africains, je pense notamment à Alain MABANCKOU, de réfléchir à un nouveau projet pour la francophonie pour en faire un outil de rayonnement culturel pour la création africaine, un instrument au service de l'intégration économique ; c'est cette ambition que nous devons avoir pour la francophonie ! La lutte pour la francophonie c'est la volonté de réinventer dans cette langue que nous avons en commun un avenir heureux, là où nous aurions pu n'avoir qu'un passé fait de traumatismes.

C'est cette volonté de dire nous avons des formidables opportunités de richesses culturelles, de création, d'imaginaire en commun, mais aussi d'opportunités économiques parce que nous aurons un espace linguistique d'une puissance inédite à travers tous les continents et au premier chef en Afrique ! Se renfermer sur telle ou telle langue, refuser la langue française pour avoir un effet de mode pour la langue anglaise dans le continent africain c'est ne pas regarder l'avenir ! Le français ce sera la première langue de l'Afrique et peut-être du monde si nous savons faire dans les prochaines décennies, prenons ce défi ensemble, allons-y, portons-le !

Mais je vous le dis, non pas comme on donne une leçon, non pas en vous disant « je veux que ce soit ainsi », je vous le dis très simplement, je crois très profondément que c'est bon pour nous tous, mais ça ne dépend que d'une chose, votre volonté, votre détermination.

Je voulais vous dire de cette nouvelle histoire de la francophonie que nous ouvrons avec Leila SLIMANI, de cette nouvelle ambition et j'aurai l'occasion en début d'année prochaine d'en détailler toutes les ambitions et d'expliquer cette nouvelle page de la francophonie qu'avec vous, je veux pouvoir écrire.

Soyons conquérants, soyons ambitieux ; et je serais après demain au Ghana pour illustrer cette approche dans un pays anglophone qui se tourne vers la francophonie, qui fait ce choix, qui fait ce pas en avant.

Annexe

Je veux ensemble que nous ayons cet esprit de conquête, je veux qu'il y ait une ambition partagée.

Voilà Mesdames et Messieurs au moment de se retirer je crois qu'il est de coutume ici au Burkina Faso de demander la route. C'est ce que je vais faire en vous demandant non seulement la route, mais aussi les destinations que nous devons prendre ensemble. Au bout de cette route nous avons le choix entre l'envie de nous retrouver ou la tragédie de nous ignorer. Je vous propose non seulement de nous retrouver, mais de ne plus nous séparer.

Felwine SARR écrit cette belle formule : « l'Afrique n'a personne à rattraper, elle ne doit plus courir sur les sentiers qu'on lui indique, mais marcher prestement sur le chemin qu'elle se sera choisie ». Alors marchons ensemble sur ce chemin si vous en êtes d'accord et apprenons à nous aimer fort de notre histoire partagée et de notre devenir commun.

C'est la proposition que je suis venu vous faire aujourd'hui avec beaucoup d'humilité. C'est la même proposition que je ferai demain à mes homologues africains et européens.

Vous ne lirez jamais chez moi des leçons pour l'autre, vous ne lirez jamais chez moi non plus des propos faciles pour faire plaisir, vous l'avez compris, mais vous trouverez toujours une exigence partagée parce que j'ai la volonté de réussir avec vous ; alors, quoi que nous puissions en dire demain, cette route comme cette destination, elle est entre vos mains parce que c'est vous qui connaissez la route.

Je vous remercie.

Bibliographie

ABELIN P. *Rapport sur la politique française en Afrique noire.* Paris, ministère de la Coopération, La Documentation française, 1975, 78 p.

ADOTEVI S. *De Gaulle et les Africains.* Paris, Chaka, 1990, 185 p.

ANDRÉANI G. « L'Afrique, continent de l'espoir », *Questions internationales,* « La nouvelle Afrique », n°90, spécial, mars-avr. 2018, p. 4-5.

ATTALI J. *La Francophonie et la francophilie : moteurs de développement durable.* Rapport remis à François Hollande le 26 août 2014, Paris, La Documentation française, 246 p.

AYISSIA. N. « Une perception africaine de la politique africaine de la France », *AFRI (Annuaire français des relations internationales),* Éditions Bruylant, Bruxelles, vol. I, 2000, http://www.afri-ct.org/wp-content/uploads/2006/03/ayissi-etudes2000.pdf.

BA KONARÉ A., dir. *Petit Précis de remise à niveau sur l'histoire africaine, à l'usage du président Sarkozy.* Paris, La Découverte, 2008, 347 p.

BADIE B. *L'Impuissance de la puissance.* Paris, CNRS, 2013, 298 p.

Bibliographie

BADIE B. *Le Temps des humiliés : Pathologie des relations internationales.* Paris, Odile Jacob, 2014, 249 p.

BADIE B. *Nous ne sommes plus seuls au monde : Un autre regard sur l'« ordre international ».* Paris, La Découverte, 2016, 238 p.

BAKHAT B. « Diplomatie économique de Macron en Afrique : Françafrique ou France & Afrique ? », *Afrique la Tribune*, 11 déc. 2017, 13h06, afrique.latribune.fr/think-tank/tribunes/2017-12-11/diplomatie-economique-de-macron-en-afrique-francafrique-ou-france-afrique-761231.html.

BARMA A.Y. « En tournée dans la Corne de l'Afrique, Macron en quête de nouveaux marchés », *La Tribune*, 11 mars 2019, 17h05, afrique.latribune.fr/economie/2019-03-11/afrique-de-l-est-en-tournee-dans-la-corne-de-l-afrique-macron-en-quete-de-nouveaux-marches-810256.html.

BAT J.-P. *La Fabrique des barbouzes : Histoire des réseaux Foccart en Afrique.* Paris, Nouveau monde éditions, 2015, 506 p.

BAT J.-P. *Le Syndrome Foccart : La politique française en Afrique de 1959 à nos jours.* Paris, Gallimard, 2012, 848 p.

BATTISTELLA D. *Théories des relations internationales.* Paris, Presses de la Fondation de sciences politiques 14ᵉ éd. , 2013, 751 p.

BENOÎT J. « La Françafrique devient l'AfricaFrance », interview d'Antoine Glaser, *La Croix*, 04 juil. 2018, www.la-croix.com/Debats/Forum-et-debats/Francafrique-devient-lAfricafrance-2018-07-04-1200952562.

BERGER P. & LUCKMANN T. *La Construction sociale de la réalité.* 1966, trad. française 1986, Paris, Armand Colin, 1997, 240 p.

BESSON P. *Un Personnage de roman.* Paris, Julliard, 2017, 247 p.

BIGOT R. & KAUFFER R. *Éminences grises.* Paris, Fayard, 1992, 432 p.

BOISBOUVIER C. *Hollande l'Africain.* Paris, La Découverte, 2015, 335 p.

Bibliographie

BONGO O. *Blanc comme nègre : Entretien avec Airy Routier*. Paris, Grasset, 2001, 310 p.

BONIFACE P. *La France est-elle encore une grande puissance ?*, Paris, Presses de Sciences Po, 1999, 137 p.

CAHIERS DE L'EXPRESS. « Les secrets de la Françafrique », hors-série, n°17, avril-mai 2013, 74 p.

CARAMEL L. « Le Conseil présidentiel pour l'Afrique, outil controversé du « soft power » d'Emmanuel Macron », *Le Monde Afrique*, 29 nov. 2018, www.lemonde. fr/afrique/article/2018/11/29/le-conseil-presidentiel-pour-l-afrique-outilcontroverse-du-soft-power-d-em manuel-macron_5390187_3212. html.

CENTRE D'ÉTUDE D'AFRIQUE NOIRE & INSTITUT CHARLES DE GAULLE. *La Politique africaine du général de Gaulle : 1958-1969*. Actes du colloque organisé par le CEAN et l'Institut Charles de Gaulle, Bordeaux, 19-20 oct. 1979, Paris, A. Pedone, 1981.

CHARILLON F. *La France peut-elle encore agir sur le monde ? Éléments de réponse*. Paris, Armand Colin, 2010, 189 p.

CHÂTAIGNIER J.-M. « Principes et réalités de la politique africaine de la France », *Afrique contemporaine*, 2006/4, n°220, p. 247-261, www.cairn.info/revue-afrique-contemporaine-2006-4-page-247.html.

CLODONG O. & CHÉTOCHINE G. *Le Storytelling en action : Transformer un politique, un cadre d'entreprise ou un baril de lessive en héros de saga !* Paris, Eyrolles/Éditions d'organisation, 2009, 183 p.

COMPAGNON S. « Qui siège au Conseil présidentiel pour l'Afrique mis en place par Macron ? », *Le Parisien*, 28 nov. 2017, 16h56, www.leparisien.fr/politique/qui-siege-au-conseil-presidentiel-pour-l-afrique-mis-en-place-par-macron-28-11-2017-7420734.php.

COURRIER INTERNATIONAL. « Afrique 3.0 », hors série sur l'Afrique, mars-avr. 2013.

DAVET G. & LHOMME F. *Un Président ne devrait pas dire ça… : Les secrets d'un quinquennat*. Paris, Stock, 2016, 663 p.

Bibliographie

DEBRAY R. *Le Scribe*. Paris, Grasset, 1980, 309 p.

DERRIEN C. & NEDELEC C. *Les Macron*. Paris, Fayard, 2017, 227 p.

DEVIN G., dir. *Méthodologie de recherche en relations internationales*. Paris, Presses de la Fondation de sciences politiques, 2016, 270 p.

DIOUF A. *Mémoires*. Paris, Seuil, 2014, 378 p.

DOMENACH N. & SZAFRAN M. *Le Tueur et le poète : Ce qu'on n'avait encore jamais osé écrire*. Paris, Albin Michel, 2019, 320 p.

DONADA J. & CASSET G. *L'Inventaire*. Paris, L'Harmattan, 32 min., 2011.

DORNA A. *Les Effets langagiers du discours politique*, documents.irevues. inist.fr/bistream/handle/2042/15186ermes_1995_16_131.pdf?sequence=1.

DUBRESSON A. « Nouveau modèle de croissance ou persistance des systèmes rentiers ? », *Questions internationales*, « La nouvelle Afrique », n°90, mars-avr. 2018, p. 32-43.

EKMAN A., dir. *La Chine dans le monde*. Paris, CNRS éditions, 2018, 300 p.

FABIUS L. *37, Quai d'Orsay : Diplomatie française, 2012-2016*. Paris, Plon, 2016, 199 p.

FANON F. *Peau noire, masques blancs*. 1952, rééd., Paris, Le Seuil, coll. « Points », 2001.

FANON F. *Les Damnés de la Terre*. 1961, rééd. Paris, La Découverte, 2002.

FANON F. *Pour la révolution africaine : Écrits politiques*. 1964, rééd., Paris, La Découverte, 2006.

FAUVET MYCIA C. *Les Éminences grises*. Paris, Belfond, 1988, 225 p.

FAUX E., LEGRAND T. & PEREZ G. *Les Plumes de l'ombre : Les nègres des hommes politiques*. Paris, Ramsay, 265 p.

FERRO M. *Histoire des colonisations : Des conquêtes aux indépendances*, Paris, Seuil, 1994, p. 493-515.

Bibliographie

FERRO M. *Le Livre noir du colonialisme (XVIe-XXIe siècles) : De l'extermination à la repentance.* Paris, Hachette, 2003, 1119 p.

FOTTORINO E., GUILLEMIN C. & ORSENNA E. *Besoin d'Afrique.* Paris, Fayard, 1992, 348 p.

FOUCHER M., dir. *Atlas de l'influence française au 21e siècle.* Paris, Institut français/Robert Laffont, 2013, 179 p.

FOUTOYET S. *Nicolas Sarkozy et la Françafrique décomplexée.* Paris, Tibor, 2009, 153 p.

FULDA A. *Emmanuel Macron : Un jeune homme si parfait.* Paris, Plon, 2017, 203 p.

GAILLARD P. *Journal de l'Élysée.* Paris, Fayard-Jeune Afrique, en particulier le *Tome 1 : Tous les soirs avec de Gaulle,* 1995, 500 p.

GASSAMA C. *L'Afrique répond à Sarkozy : Contre le discours de Dakar.* Paris, Philippe Rey, 2008, 475 p.

GAULME F. *Emmanuel Macron et l'Afrique : La vision et l'héritage.* Paris, IFRI, Centre Afrique subsaharienne, janvier 2019, p. 37.

GLASER A. *AfricaFrance : Quand les dirigeants africains deviennent les maîtres du jeu.* Paris, Fayard, 2014, 230 p.

GLASER A. *Arrogant comme un Français en Afrique.* Paris, Fayard, 2016, 190 p.

GLASER A. & SMITH S. *L'Afrique sans Africains : Le rêve blanc du continent noir.* Paris, Stock, 1994, 301 p.

GLASER A. & SMITH S. *Comment la France a perdu l'Afrique.* Paris, Calmann-Lévy, 2005, 276 p.

GLASER A. & SMITH S. *Sarko en Afrique.* Paris, Plon, 2008, 212 p.

HOLLANDE F. *Les Leçons du pouvoir.* Paris, Stock, 2018, 406 p.

HUGEUX V. *Les Sorciers blancs : Enquête sur les faux amis français de l'Afrique.* Paris, Fayard, 2007, 335 p.

Bibliographie

HUGON P. *Afriques, entre puissance et vulnérabilité*. Paris, Armand Colin, 2016, 256 p.

HUNTINGTON S. *Le Choc des civilisations*. Paris, Odile Jacob, (1996)2000, 545 p.

JACQUEMOT P. « Emmanuel Macron : une normalisation décomplexée des relations entre l'Afrique et la France », Tribune, IRIS, 30 nov. 2017,www.iris-france.org/103697-emmanuel-macron-une-normalisation-decomplexee-des-relations-entre-lafrique-et-la-france/.

JEUNE AFRIQUE. « Ces Africains qui font gagner la France », n°1691, 03-09 juin 1993, p. 12-15.

JEUNE AFRIQUE. « Population : l'Afrique milliardaire », n°2550, spécial, 22-28 nov. 2009, 10 p.

JEUNE AFRIQUE. « L'Afrique idéale : 25 projets et idées pour changer le continent », n°2692-93, 12-25 août 2012, p. 24-41.

JEUNE AFRIQUE. « France-Afrique : comment l'armée a pris le pouvoir… Enquête sur un coup d'État silencieux », n°2773, 02-08 mars 2014, p. 30-33.

JEUNE AFRIQUE. « En finir avec le franc CFA : Le grand débat », JeuneAfrique.com, 9 nov. 2016.

JEUNE AFRIQUE. « L'énigme Macron », n°2938, 30 avr-06 mai 2017, p. 24.

JEUNE AFRIQUE. « Au cœur du 2, rue de l'Élysée », n°2956, 03-09 sept. 2017, p. 18-25.

JEUNE AFRIQUE. « Emmanuel Macron à Ouaga : petite histoire d'un discours », 04 déc. 2017 à 15h23, www.jeuneafrique.com/mag/49 8905/politique/emmanuel-macron-a-ouaga-petite-histoire-dun-discours/.

JEUNE AFRIQUE. « La France rendra-t-elle son butin ? », n°3023, 16-22 déc. 2018, p. 22-35.

Bibliographie

KÄ MANA. *L'Afrique, notre projet : Révolutionner l'imaginaire africain.* Yaoundé : Éditions du Terroir, 2009, 338 p.

KABA L. *Le Non de la Guinée à de Gaulle.* Paris, Chaka, Coll. Afrique contemporaine, vol. 1, 1989, 190 p.

KATEB A. *Les Nouvelles Puissances mondiales : Pourquoi les BRICs changent le monde.* Paris, Ellipses, 2011, 267 p.

KI-ZERBO J. *La Natte des autres : Pour un développement endogène.* Dakar, CODESRIA, 1992, 494 p.

KODJO E. *...Et demain l'Afrique,* Paris, Stock, 1985, 366 p.

KODJO E. *Lettre ouverte à l'Afrique cinquantenaire.* Paris, Gallimard, 2010, 88 p.

KODJO E. *Panafricanisme et renaissance africaine.* Lomé : Graines de Pensées, 2013, 156 p.

KUPPER C. & alii. *Une Jeunesse africaine en quête de changement.* (GRIP), Paris, Groupe de Recherche et d'Information sur la Paix, 2017, 144 p.

L'EXPRESS. « Les amis encombrants de la droite : rétro-commissions, valises de billets », n°3141, 14-20 sept. 2011, p. 22-33.

LABARRE F. de. « Macron l'Africain : Son message à la jeunesse, son pari pour l'avenir », *PARIS MATCH,* n°3577, 07-13 déc. 2017, p. 66-67.

LABARTHE G. *Sarko, l'Africain.* Paris, Hugo & Cie, 2011, 235 p.

LAMY P. « Les cinq commandements du réformateur », *Le Point,* Dossier « Canada, Suède, Allemagne. Comment on ressuscite un pays : Puisqu'on vous dit que c'est possible ! », n°2342, 23/03/2017, p. 36.

LEBART C. *Le Discours politique.* Paris, PUF, Que sais-je ?, 1998, 127 p.

LE MAGAZINE DE L'AFRIQUE. « Chine, États-Unis, France, l'Afrique au cœur des convoitises », n°30, janv.-fév. 2013.

LE MONDE. « Les secrets africains de l'affaire Elf », n°17027, 24-25 oct. 1999.

Bibliographie

LE NOUVEL AFRIQUE-ASIE. « Les réseaux français du pillage de l'Afrique », n°66, mars 1996, p. 6-10.

LE POINT. « L'Afrique n'est pas celle que vous croyez : Ses réussites, ses élites, des promesses », n°2082, 9 août 2012, 30 p.

LE POINT. « Sarkozy, Villepin et Chirac : Le grand déballage africain, ces millions qui ont financé les campagnes électorales françaises », n°2035, 15 sept. 2011, p. 26-29.

LÉRIDON M. *L'Afrique va bien : 10 chapitres à l'usage de ceux qui disent que l'Afrique ne s'en sortira jamais*, Préface de Frederik de Klerk, prix Nobel de la paix en 1993 avec Nelson Mandela. Paris, Nouveaux débats publics, 2010, 203 p.

LUGAN B. *Afrique : L'histoire à l'endroit.* Paris, Librairie Académique Perrin, 1989, 285 p.

LUGAN B. *Bilan de la décolonisation.* Paris, Perrin, 1991, 288 p.

LUGAN B. *Osons dire la vérité à l'Afrique.* Paris, Éditions du Rocher, 2015, 224 p.

LUNVEN M. *Ambassadeur en Françafrique*, Paris, Glénat, 2011, 340 p.

M'BOKOLO E. *L'Afrique au XXe siècle : Le continent convoité*, Paris, Seuil, 1985, 393 p.

MACRON E. *Révolution, c'est notre combat pour la France*, Paris, éditions XO, 2016, 270 p.

MACRON E. *Macron par Macron*, Paris, Éditions de l'Aube, 2017, 152 p.

MAGNAUDEIX M. avec la rédaction de Médiapart. *Macron et Cie : Enquête sur le nouveau président de la République*, Préface d'Edwy Plenel. Paris, Éditions Don Quichotte, 2017, 292 p.

MARCHESIN P. *Introduction aux relations internationales.* Paris, Karthala, 2008, 224 p.

Bibliographie

MARÉCHAUX R. « Les enjeux de la diplomatie française en Afrique », ministère de l'Europe et des Affaires étrangères, www.diplomatie. gouv.fr/fr/dossiers-paysafrique/les-enjeux-de-la-diplomatie-francaise-en-afrique/, février 2019.

MBEMBE A. *Les Jeunes et l'ordre politique en Afrique noire*. Paris, L'Harmattan, 1985, 247 p.

MBEMBE A. & SARR F., dir. *Écrire l'Afrique-monde*. Paris, Philippe Rey / Les ateliers de la pensée, 2017, 396 p.

MBEMBE A. *Politiques de l'inimitié*. Paris, La Découverte, 2016, 184 p.

MBOCK C.G. *Décoloniser la France*. Montréal, Éditions Kiyikaat, 2010.

MEMMI A. *Portrait du colonisé*, précédé du *Portrait du colonisateur*, préface de Jean-Paul Sartre. Paris, Éditions Corréa, 1957, Éditions J.-J. Pauvert, collection « Libertés », 1966.

MEMMI A. *L'Homme dominé*. Paris, Gallimard, 1968.

MERLE M. *Sociologie des relations internationales*. Paris, Dalloz-Sirey, (1974)1988, 4e éd., 560 p.

MERLE M. « Coopération et de développement », Cours du DESS de Coopération et développement, université de Paris I-Sorbonne, 1989.

MERLE M. *Les Relations internationales à l'épreuve de la science politique*. Paris, Economica, 1993, 403 p.

MESSMER P. *Après tant de batailles : Mémoires*. Paris, Albin Michel, 1992, 462 p.

MESSMER P. *Les Blancs s'en vont : Récits de décolonisation*. Paris, Albin Michel, 1998, 302 p.

MIGNOT A. « De la Françafrique à l'AfricaFrance », *La Tribune*, 24 avr. 2015, www.latribune.fr/opinions/blogs/euromed/de-la-francafrique -a-l-africafrance-471741.html.

Bibliographie

MINISTÈRE DE L'EUROPE ET DES AFFAIRES ÉTRANGÈRES. « Saison culturelle africaine en France : Africa 2020 », www.diplomatie. gouv.fr/fr/dossiers-pays/afrique/culture/saison-des-cultures-africai nes-en-france-africa-2020/.

MINISTÈRE DE L'EUROPE ET DES AFFAIRES ÉTRANGÈRES. « Un an après le discours de Ouagadougou : les réalisations de notre réseau diplomatique », nov. 2018, www.diplomatie.gouv.fr/fr/dossiers-pays/afrique/un-an-apres-le-discours-de-ouagadougou-les-realisations -de-notre-reseau/, novembre 2018.

MITTERRAND F. *Présence française et abandon* in *Œuvres*, Tome I. Paris, Les Belles Lettres, (Paris, Plon, 1957)2016, 672 p.

NEGRONI F. de. *Afrique fantasmes*. Paris, Plon, 1992, 265 p.

NOUAILLE DE GORCE B. *La Politique française de coopération avec les États africains et malgache au sud du Sahara, 1959-1978.* Bordeaux : Institut d'études / Centre d'études d'Afrique noire, 1982, 567 p.

NUBUKPO K., ZE BELINGA M., TINEL D. & DEMBELE D.M., dir. *Sortir de la servitude monétaire : À qui profite le franc CFA ?* Paris, Éditions la Dispute, 2016.

OULD ABDALLAH A. « Interview », *Le Point*, n°2082, dossier spécial « L'Afrique n'est pas celle que vous croyez », 9 août 2012, p. 40.

PÉAN P. *L'Homme de l'ombre : Éléments d'enquête autour de Jacques Foccart, l'homme le plus mystérieux et le plus puissant de la Ve république.* Paris, Fayard, 1990, 585 p.

PENNE G. *Mémoires d'Afrique (1981-1998)*, entretiens avec Claude Wauthier. Paris, Fayard, 1999, 392 p.

PIGEAUD F. & SYLLA N.S. *L'Arme invisible de la Françafrique : Une histoire du franc CFA.* Paris, La Découverte, Cahiers libres, 2018, 234 p.

POLITIQUE AFRICAINE, « Mobiliser Fanon », n°143, oct. 2016, p. 7-183.

Bibliographie

PONDI J.-E., dir. *Repenser le développement à partir de l'Afrique.* Yaoundé, Afrédit, 2015.

PRISSETTE N. *Emmanuel Macron : En marche vers l'Élysée.* Paris, Plon, 2016, 226 p.

PRISSETTE N. *Emmanuel Macron : Le président inattendu.* Paris, First éditions, 2017, 286 p.

QUESTIONS INTERNATIONALES. « La nouvelle Afrique », n°90, spécial, mars-avr. 2018, 105 p.

REBOUL O. *Langage et idéologie.* Paris, PUF, 1980.

ROBERT M. « *Ministre* » *de l'Afrique : Entretien avec André Renault.* Paris, Seuil, 2004, 398 p.

SALAMA B. & WAGNER A. *De Gaulle et l'Afrique : Les chemins de la Liberté.* Ina-ECPAD-France Télévisions, 2011, Dble DVD 2x52 mn.

SALMON C. *Storytelling : La machine à fabriquer des histoires et à formater les esprits.* Paris, La Découverte, 2007, 239 p.

SALMON C. *De Sarkozy à Obama : Ces histoires qui nous gouvernent.* Paris, Éditions Jean-Claude Gawsewitch, 2012, 224 p.

SARR F. *Afrotopia*, Paris, Philippe Rey, 2016, 192 p.

SARR F & SAVOY B. *Rapport sur la restitution du patrimoine culturel africain : Vers une nouvelle éthique relationnelle*, nov. 2018.

SAUSSEZ T. *Le Style réinvente la politique : Du diktat de l'image à l'exigence de l'action.* Paris, Presses de la renaissance, 2004, 232 p.

SEVERINO J.-M. & RAY O. *Le Temps de l'Afrique.* Paris, Odile Jacob, 2010, 345 p.

SIMON J.-M. *Secrets d'Afrique : Témoignage d'un ambassadeur.* Paris, Éditions du Cherche-midi, 2016, 347 p.

SMITH S. *Voyage en postcolonie : Le nouveau monde franco-africain.* Paris, Grasset, 2010, 327 p.

Bibliographie

SMITH S. *La Ruée vers l'Europe : La Jeune Afrique en route vers le vieux continent.* Paris, Grasset, 2018, 265 p.

SMITH S. & GLASER A. *Ces Messieurs Afrique,* tome 1 : *Paris-village du continent.* Paris, Calmann-Lévy, 1992, 235 p.

SMITH S. & GLASER A. *Ces Messieurs Afrique,* tome 2 : *Des Réseaux aux lobbies.* Paris, Calmann-Lévy, 1997, 286 p.

SOUDAN F. « Interview de Paul Kagamé : L'Afrique n'a pas besoin de baby-sitters », *Jeune Afrique,* n°2996, 10-16 juin 2018, 19 juin 2018, p. 20-27, www.jeuneafrique.com/mag/575878/politique/paul-kagame-lafrique-na-pas-besoin-de-baby-sitters/.

VÉDRINE H. & alii. *Un partenariat pour l'avenir : 15 propositions pour une nouvelle dynamique économique entre l'Afrique et la France.* Rapport remis au ministre de l'Économie et des finances, Pierre Moscovici, déc. 2013, Paris, La Documentation française, 170 p.

VERSCHAVE F.-X. *La Françafrique : Le plus long scandale de la République.* Paris, Stock, 1998, 379 p.

VERSCHAVE F.-X. *Noir Silence : Qui arrêtera la Françafrique ?* Paris, Les Arènes, 2000, 591 p.

VERSCHAVE F.-X. *De la Françafrique à la mafiafrique.* Paris, Tribord, 2004, 69 p.

VILLARD C. *Le Discours diplomatique.* Paris, L'Harmattan, 2014, 286 p.

WADE A. *Une Vie pour l'Afrique.* Paris, Michel Lafon, 2008, 450 p.

WONYU E. *L'Afro-pessimisme, un alibi français ? Essai bibliographique sur l'Afrique et son développement depuis la fin des années 1950.* Yaoundé : Iroko éditions/publishing, 2018, 237 p.

WOUAKO TCHALEU J. *François Hollande et la Françafrique : Le défi et la rupture.* Paris, L'Harmattan, 2012, 102 p.

ZINSOU L. « Interview », *Afrique Méditerranée Business,* n°3, nov.-déc. 2013, p. 36-41.

Index

Bibliographie

Index

Table des matières

À propos de l'auteur

Emmanuel Wonyu est maître de conférences des universités camerounaises, enseignant titulaire de politique internationale et de relations internationales à l'Institut des relations internationales du Cameroun (IRIC) où il est spécialiste des questions de coopération, de développement et d'intégration régionale. Docteur en sciences politiques de l'université de Paris V, il a été rédacteur en chef de la *Revue Afrique 2000* à Paris dans les années 1990.

Depuis 1999, parallèlement à sa riche carrière universitaire, il a occupé de hautes fonctions dans l'administration de son pays. Il a publié en 2018 un ouvrage intitulé, *L'Afro-pessimisme, un alibi français ? Essai bibliographique sur l'Afrique et son développement depuis la fin des années 1950* (Yaoundé, Iroko éditions/publishing) et coordonné, en 2019, un ouvrage collectif, *Edem Kodjo : Un Africain entre deux siècles* (Yaoundé, Iroko éditions/publishing).

Achevé d'imprimer en mai 2020 par Iroko éditions-publishing
Dépôt légal : mai 2020